As Primeiras Quatro Estações

FERNANDA WITWYTZKY

As Primeiras Quatro Estações

Pilgrim

Copyright © 2021 por Fernanda Witwytzky

As citações bíblicas são da *Nova Versão Internacional* (NVI), a menos que seja especificada outra versão da Bíblia Sagrada.

Os pontos de vista desta obra são de responsabilidade de seus autores e colaboradores diretos, não refletindo necessariamente a posição da Thomas Nelson Brasil, da Pilgrim ou de suas equipes editoriais.

Publisher	*Samuel Coto*
Editores	*Brunna Castanheira Prado* e *Guilherme Cordeiro Pires*
Preparação	*Daniela Vilarinho*
Revisão	*Lais Chagas* e *Leonardo Dantas do Carmo*
Diagramação	*Sonia Peticov*
Capa e projeto gráfico	*Vinicius Lira*
Ilustrações	*Bárbara Clares Venturote*

Dados Internacionais de Catalogação na Publicação (CIP)
(BENITEZ CATALOGAÇÃO ASS. EDITORIAL, MS, BRASIL)

W777p
    Witwytzky, Fernanda
       As primeiras quatro estações: vivendo a maternidade / Fernanda Witwytzky. — 1.ed. — Rio de Janeiro: Thomas Nelson Brasil; São Paulo: Pilgrim, 2021.
       160 p.; 13,5 x 20,8 cm.

    ISBN 978-65-56891-87-3

    1. Filhos. 2. Gravidez. 3. Maternidade. 4. Vida cristã. I. Título.

02-2021/21   CDD: 649.1

Índice para catálogo sistemático:
1. Maternidade: Experiências de vida   649.1

Bibliotecária responsável: Aline Graziele Benitez CRB-1/3129

Thomas Nelson Brasil é uma marca licenciada à Vida Melhor Editora LTDA.
Todos os direitos reservados à Vida Melhor Editora LTDA.
Rua da Quitanda, 86, sala 601A — Centro
Rio de Janeiro — RJ — CEP 20091-005
Tel.: (21) 3175-1030
www.thomasnelson.com.br

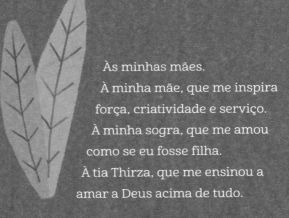

Às minhas mães.
À minha mãe, que me inspira força, criatividade e serviço.
À minha sogra, que me amou como se eu fosse filha.
À tia Thirza, que me ensinou a amar a Deus acima de tudo.

Playlist
da leitura

Preparei uma playlist especial para você escutar enquanto lê o livro. Para ouvi-la, basta entrar no Spotify, acessar a aba de "busca" no aplicativo e tocar no ícone de câmera. Por fim, realize a leitura do código através da câmera de seu celular e aproveite a trilha sonora!

Escute também meu audiobook na Pilgrim

sumário

Inverno

Capítulo 1 — 17
Vai passar!

Capítulo 2 — 27
A hora mágica

Capítulo 3 — 33
Pedindo socorro!

Capítulo 4 — 43
Boa noite

Primavera

Capítulo 5 — 53
Tudo coloriu

Capítulo 6 — 61
Hora de recomeçar

Capítulo 7 — 69
E o casamento?

Verão

Capítulo 8 — 81
O papá e as rotinas espirituais

Capítulo 9 — 91
Corpo do verão?

Capítulo 10 — 99
Amor sacrificial

No final de cada capítulo, preparei algumas dicas de ouro para você. Aproveite!

Outono

Capítulo 11 — 115
A arte de gastar saliva

Capítulo 12 — 131
Frutos da estação

Introdução

Eu percebi, quando me tornei mãe, que existe um universo paralelo da maternidade. Em *blogs*, *posts*, livros, revistas, cursos e vídeos, há uma quantidade enorme de informações sobre sono, introdução alimentar, técnicas de como fazer o seu bebê dormir no berço, polêmicas e opiniões diversas sobre chupetas e mamadeiras, entre diversos assuntos. Tudo parece girar em torno do bebê e os cuidados com ele.

Ao me entupir com essas informações, passei a sentir uma falta enorme de ser igualmente abraçada por conteúdos que falassem sobre a mãe. Os reais sentimentos, os medos, as inseguranças, os cuidados consigo mesma e como aprender a lidar com aspectos emocionais, físicos e espirituais diante de tantas mudanças que a chegada de um bebê nos traz.

Desde que fiquei grávida, automaticamente vieram frases como "Aproveita para dormir agora, pois você nunca mais vai dormir!" ou "Ih, menina, espero que você já tenha aproveitado a vida antes".

AS PRIMEIRAS QUATRO ESTAÇÕES

Parece que todas as pessoas que tiveram uma má experiência nos primeiros anos com seus bebês receberam a missão de repassar essas mensagens. Talvez porque elas acreditem que, no final das contas, todas terão a mesma experiência e é bom avisar antes. De fato, opiniões, técnicas, treinamentos e pitacos todo mundo tem — e a gente nem precisa pedir.

Refletindo sobre tudo isso, eu comecei a entender que, para passar por todo o processo da maternidade, algo inteiramente novo para mim, eu precisaria cuidar da minha mente, corpo e coração. Mais do que apenas dominar os cuidados com o bebê, saber tudo deste universo e me considerar uma supermãe, eu queria me redescobrir e entender tudo o que eu estava passando e sentindo. Comecei a pedir a Deus que me ajudasse a olhar todo esse tempo com outros olhos e me ensinasse em cada fase do primeiro ano de vida dos bebês.

Por isso, o que eu gostaria que você entendesse ao ler este livro é que você pode passar por este processo sem necessariamente perder uma perspectiva real e carinhosa sobre a sua nova vida. Que é desafiadora esta nova etapa, todo mundo já sabe e faz questão de alertar, mas a sua vida não vai acabar. Você um dia vai voltar a dormir, sim, novos projetos virão e, por mais clichê que isso soe: esse tempo vai passar!

INTRODUÇÃO

Assim como as estações do ano, a maternidade também traz consigo um novo tempo sobre as nossas vidas. Cada estação tem suas peculiaridades: dias frios ou quentes, folhas coloridas ou secas. E, por mais que possamos sentir que estamos passando por determinada estação sozinhos, a verdade é que as diferentes estações do ano acontecem para todos. Todos nós passaremos por uma repetição de momentos felizes e momentos difíceis na nossa vida, e assim também acontece na maternidade. São novas estações e novos desafios.

Neste livro compartilho com você as minhas estações como mãe durante o primeiro ano dos meus dois bebês. São histórias e aprendizados adquiridos ao passar pelas primeiras quatro estações de uma vida que nunca mais foi só. Eu quero convidar você a abrir seu coração. Quem sabe, entre uma mamada e outra, em meio a fraldas sujas ou em uma noite em claro, talvez este livro possa lhe servir como um abraço. Diante de toda a novidade, o cansaço, as incertezas e os medos da maternidade, existe um Deus que quer trabalhar em você na exata estação em que você está. No inverno ou no verão, no outono ou na primavera, podemos contar com a ajuda de Deus, que é o dono de todas as estações.

"Para tudo há uma ocasião, e um tempo para cada propósito debaixo do céu: tempo de nascer e tempo de morrer, tempo de plantar e tempo de arrancar o que se plantou, tempo de matar e tempo de curar, tempo de derrubar e tempo de construir, tempo de chorar e tempo de rir, tempo de prantear e tempo de dançar, tempo de espalhar pedras e tempo de ajuntá-las, tempo de abraçar e tempo de se conter, tempo de procurar e tempo de desistir, tempo de guardar e tempo de lançar fora, tempo de rasgar e tempo de costurar, tempo de calar e tempo de falar, tempo de amar e tempo de odiar, tempo de lutar e tempo de viver em paz."

Eclesiastes 3:1–8

CAPÍTULO 1

Vai passar!

Eu sempre tive o sonho muito grande de ser mãe. Tempos atrás, a minha mãe achou um caderninho de quando eu era criança; nele tinha uma pergunta sobre qual era o meu maior sonho, a minha resposta foi: "Ser mãe e ser feliz." Eu cresci com isso no meu coração e um desejo enorme de formar uma família.

Depois de alguns anos de casados, o meu marido, Rafa, e eu começamos a tentar engravidar. Esse processo demorou dois anos e meio, somando um total de trinta e duas tentativas sem sucesso. No final dessa jornada, depois de vários exames, alguns tratamentos e uma cirurgia, fomos presenteados com uma gestação de gêmeos. Que alegria!

O meu primeiro dia com os bebês continua bem vivo na minha memória. O parto foi lindo (e doloroso). Colocamos uma *playlist* com minhas músicas prediletas, a minha melhor amiga fazia

INVERNO

parte da equipe médica, em que eu confiava muito, o Rafa estava ali do meu lado e um amigo muito querido era o fotógrafo. Todos estavam sorridentes e animados para o dia do nascimento da Sara e do Samuel. Quantos sentimentos! O primeiro chorinho deles na sala de parto foi, sem dúvidas, o som mais emocionante que já escutei na vida. Foi mágico conhecer as duas pessoas que estavam morando dentro da minha barriga, ver o rostinho deles, sentir o calor da pele... é realmente uma experiência e tanto!

Assim que os bebês saíram da minha barriga, eles vieram diretamente para o meu peito. Eu passei 24 horas amamentando os dois sem parar. Ocitocina a mil, o coração transbordava de uma vontade gigantesca de amar aqueles bebês. O que eu queria mesmo era poder subir no topo de uma montanha e apresentar os dois para o mundo inteiro, bem estilo *Rei leão*.

Eu estava completamente extasiada. Eu imaginava que, por sempre ter desejado ser mãe e ter passado por um processo árduo na tentativa de engravidar, eu tiraria de letra a maternidade. Afinal, eu tinha quase trinta anos de idade, já havia realizado vários projetos, viajado, morado fora e estava casada há cinco anos; consequentemente, eu tinha a certeza de que estava completamente pronta.

Na minha cabeça, uma gravidez planejada juntamente a uma vida cheia de realizações pessoais me dariam um passe direto ao mundo das mães que vivem a maternidade tranquilamente.

Pois bem, eu estava muito enganada.

Logo que voltei para casa nós recebemos a visita da nossa família, e tive a primeira experiência de estranheza com a maternidade. A cena passava lentamente pelos meus olhos: os bebês no colo dos avós, fotos rolando, muitos sorrisos, olhares apaixonados, e lágrimas escorrendo pelo meu rosto. Eu estava ainda muito fragilizada e com muita dor do pós-parto. Os sentimentos se misturavam ali: eu estava extremamente feliz por estar com a minha família, mas ao mesmo tempo era muito esquisito ver os bebês passando de colo em colo, sendo que até um dia antes eles ainda estavam dentro de mim.

Assim que todo mundo foi embora, o Rafa e minha mãe me ajudaram a deitar na cama do meu quarto. Assim que me deitei, eu desabei de tanto chorar. Me veio um medo que eu nunca tinha sentido: pelos próximos muitos anos eu seria responsável por essas duas vidas, e isso era um caminho sem volta. Nossa vida nunca mais — nunca mesmo — seria como antes.

Naquela noite, então, eu olhei para o Rafa e me dei conta de que não iríamos, por alguns anos,

INVERNO

dormir com a porta fechada, estaríamos a maior parte do tempo acompanhados e já não seria mais só nós dois. "O que será do nosso casamento? A gente se dá tão bem sozinhos, e agora?"

Esta foi a primeira noite em casa com os bebês, totalmente diferente do que eu esperava. O que era para ser uma noite puramente mágica estava sendo um momento de muita estranheza.

Parece tão óbvio, né? A gente pensa que passar por nove meses de gestação parece tempo suficiente para assimilar e amadurecer na nossa cabeça a ideia de ser mãe. Mas não necessariamente. Pelo menos não para mim. Enquanto eles estavam dentro da minha barriga, o fato de eu cuidar de mim mesma automaticamente era eu estar cuidando deles e ponto. De repente eles estavam aqui fora, com várias necessidades que a gente teria que descobrir. Eu tinha lido diversos livros e me preparado o máximo que podia, mas tudo que eu conseguia sentir era uma insegurança gigantesca.

Eu fiquei por uma semana andando curvada, indo da cama para a poltrona de amamentação, e dali para o banheiro — esse era o meu percurso todo dia. Neste período tivemos a ajuda das nossas mães, e elas, juntamente com o Rafa, assumiram a casa. Depois disso, a primeira vez que eu entrei na cozinha foi estranho: eu abria as gavetas e elas estavam cheias de mamadeiras, a bancada onde ficavam nossas comidas estava ocupada por latas de leite em pó. De certa forma, parecia que eu tinha perdido o controle da minha própria casa.

E os primeiros dias com eles seguiram assim. Ao mesmo tempo que eu os olhava com um amor que eu nunca tinha sentido na vida e me emocionava diversas vezes ao olhar para eles tão lindos, minha mente se enchia de medos e questionamentos do que fazer a partir daquele momento.

Caso você ainda não tenha passado por um pós-parto, pode parecer exagero. Mas, diante da queda hormonal tão grande pela qual a mulher passa depois do nascimento de um bebê, juntamente com todas as mudanças dos primeiros dias, as coisas realmente tomam uma proporção maior. E isso é normal.

Na verdade, é o que eu chamaria de estação de inverno. Assim como as formigas juntam alimento para o inverno, nós como mães passamos nove meses de gestação nos preparando para a chegada de um bebê. Toda a preguiça se vai diante da expectativa de arrumar o quartinho, dobrar aquelas roupinhas milhares de vezes, ler diversas listas diferentes de enxovais.

INVERNO

Entretanto, como em dias frios, a chegada do bebê traz noites longas e uma grande necessidade de abrigo. Os cursos *online* e as opiniões das pessoas, por mais que tenham o intuito de nos ajudar, podem acabar nos fazendo enxergar esta estação de inverno como um tempo interminável. As tentativas de nos ensinarem a fazer um recém-nascido não precisar de colo, ser independente rapidamente ou dormir muitas horas diretas sem nenhum choro durante a noite podem resultar em falsas expectativas.

Afinal, o bebê, assim como nós, também está passando por um tempo frio. Ao nascer, ele sairá daquele ambiente quentinho que era o útero da sua mãe para então enfrentar temperaturas frias e variáveis. O seu corpo já não estará mais envolto por diversas camadas, e o som não será mais aquele aconchegante do útero materno. O bebê, que antes recebia alimento da mãe sem esforço algum através do cordão umbilical, começará a sentir fome, precisará pedir por comida e terá que aprender a mamar corretamente. Tudo é novo não só para a mãe, mas principalmente para o bebê.

Diante de tantos ajustes para um bebê que agora está fora da barriga e de uma mãe que até então só precisava mantê-lo bem ali dentro, este início acaba nos fazendo esquecer que, assim como todas as estações do ano, a do inverno vai passar. E vai chegar outra estação, e depois outra, e assim sucessivamente. Acredite, o bebê não vai dormir para sempre no seu colo, nem passar a noite toda chorando eternamente.

Em meio a esse tempo frio, o que eu fiz foi encontrar formas de me abrigar diante de tantas inseguranças e questionamentos. Tomava um banho morno um pouco mais demorado sempre que podia ou tentava comer um lanche gostoso. Abraçava as minhas dúvidas e vulnerabilidades, colocando-as em palavras e me entregando a Deus. Eu não precisava me encher de culpa, este tempo iria passar.

O livro bíblico de Eclesiastes nos ensina sobre isso: "Para tudo há uma ocasião, e um tempo para cada propósito debaixo do céu." Não precisamos mais enxergar este tempo de inverno sob uma visão escura, nem nos entregar às inseguranças dele, pois sabemos que esta estação já estava determinada pelo nosso Deus e foi Ele quem permitiu que passássemos por ela. Ao nos entregarmos à ansiedade de querer que o tempo passe rápido para que esta fase difícil acabe logo, caímos no engano do nosso século de achar que o tempo precisa nos servir.

O entendimento de que há um tempo para todas as coisas nos abre os olhos para a beleza do

INVERNO

agora. Podemos pegar uma coberta, nos sentar confortavelmente com o nosso bebê, abraçá-lo, sentir o seu cheirinho e desfrutar do fato de ele caber em apenas um de nossos braços.

Pode ser que agora seja um tempo de privação de sono, de não saber muito bem como agir ou como decifrar todos os sinais deste pequeno ser, mas novas estações virão, nos trazendo segurança e experiência. O bebê vai amadurecer, e existem grandes chances de um dia a gente ainda sentir saudade desse tempo. Ao nos entregarmos ao Dono das estações, podemos ter a certeza de que Ele nos capacitará para finalizar esta etapa fria e nos trará, em meio a ela, dias de sol, nos aquecendo com sua força, misericórdia e amor por nós.

"

Aquele que sai chorando
enquanto lança a semente
voltará com cantos de alegria,
trazendo os seus feixes.

Salmos 126:6

"

CAPÍTULO 2

A hora mágica

Assim que os meus bebês nasceram, eles vieram diretamente para o meu peito. No começo foi uma delícia. Passei as primeiras horas de vida deles amamentando freneticamente. Eu me vi completamente realizada, e a minha vontade era amamentar todas as crianças daquele hospital, tamanho era o prazer neste início.

Mas toda essa alegria durou pouco mais de 24 horas. No dia após o parto, os dois bicos dos meus seios estavam muito machucados e doloridos. Mesmo assim, eu segui amamentando, pois estava resistente à ideia de os bebês se alimentarem de fórmulas infantis. A dor e o machucado foram aumentando tanto que, quando chegava a hora da mamada, me davam arrepios de tanto medo.

INVERNO

Essa situação me frustrou muito. Não era isso que eu esperava, nem era isso que as lindas fotos das redes sociais me prometeram. Eu tinha me preparado tanto para passar pela dor do parto cesárea que simplesmente havia esquecido de me preparar para a possível dor da amamentação. Posteriormente, ao conversar com outras mulheres, percebi que isso é comum. A gente vê tantas propagandas e imagens lindas, cheias de paz, de mulheres amamentando, que nem passa pela nossa cabeça que esse momento mágico possa envolver sangue, dor e desconforto.

Já no primeiro dia decidi pedir ajuda a uma especialista em amamentação, antes que a situação piorasse e ficasse insustentável. Ela calmamente chegou aqui em casa e me deu um tempo para chorar, desabafar, e depois começou a me ensinar sobre a amamentação. "Mas não era para ser instintivo?", eu pensava.

Não necessariamente. Foi recebendo a ajuda dessa mulher que eu aprendi a amamentar os meus filhos corretamente. Eu lembro de algo que ela me disse que me ajudou muito a persistir em amamentá-los. Ela dizia que, ao escutar a minha história de vida, eu lhe parecia ser uma mulher que gostaria de rodar o mundo com os filhos. Portanto, seria muito importante eles receberem uma vacina muito especial: o leite materno. Aquilo foi um incentivo tão grande para mim! Ao invés de soar como uma pressão caso eu não conseguisse continuar, me encorajou a ver além da dor e do desafio gigantesco que me parecia amamentar dois recém-nascidos ao mesmo tempo. E assim foi. Os dias de muita dor foram passando e se transformando em momentos mágicos de conexão com meus bebês. Fico muito feliz em ter persistido e vivido essa experiência maravilhosa da amamentação.

Porém, não foi nada fácil para mim quando um dos bebês, por diversos motivos, começou a desmamar. Realmente, a conexão que existe quando um bebê suga leite do seu seio (quando já não existe mais a dor) é muito especial! Eu pensei que iria perder a única forma de nos conectarmos profundamente.

Então eu precisei ressignificar o momento da mamada, que, a partir daquele momento, seria por meio da mamadeira. Eu ia para a poltrona, ficava longe de todo mundo, pegava a mamadeira e lhe dava de mamar olhando bem fundo nos seus olhos. Cantava musiquinhas, fazia carinho naquelas mãozinhas e ia encontrando outras formas de conexão entre a gente. Enquanto isso acontecia, aos poucos a culpa e a frustração da amamentação não ter saído como eu queria começavam a ir embora e

INVERNO

davam espaço para um tempo maravilhoso com o meu bebê.

Quando relatei publicamente a minha experiência com a amamentação, recebi de volta acolhimento, mas também muito julgamento. Na nossa cultura existe uma competição (nem tão) silenciosa entre as mulheres, que só nos coloca numa zona perigosa de solidão e culpa. É como se as que passam pela maternidade vivendo tudo exatamente como planejaram, de forma "natural", estivessem num lugar legítimo de razão e boas experiências, e o resto...

Ah, e o resto não fossem boas mães. Ao abrir sobre as minhas dificuldades em amamentar eu descobri que isso é muito comum e atinge várias mulheres. Existem muitas mulheres que não conseguem amamentar, e às vezes o relato maravilhoso de suas amigas pode ser a lembrança de seu fracasso. A amamentação não é uma competição de quem é a melhor mãe, nem de quem alimentou melhor o seu filho; a amamentação faz parte do processo da maternidade. Algumas mulheres vão passar por esse processo com facilidade, outras não, e assim seguimos, cada uma vivendo a sua própria experiência. Caso você seja uma mãe que tenha conseguido amamentar o seu bebê, lhe convido a ser colo e apoio para as mães à sua volta que não tiveram a mesma vivência.

Assim como na amamentação, acontecerão novos momentos na maternidade, nos quais teremos que realinhar as nossas expectativas e aprender a lidar com o fato de as coisas não saírem como planejamos. Isso faz parte, é preciso aprender a flexibilizar e ressignificar momentos que poderiam ser só de tristeza e choro. Diante de todo o desafio da amamentação e do fato de talvez as coisas não saírem como você esperava, eu queria lhe lembrar que você é a melhor mãe que esse bebê poderia ter. E que ninguém no mundo quer mais o bem dele do que você. Continue firme naquilo que você acredita ser o melhor para o seu bebê, se não for da maneira que você imaginou que seria, saiba que sempre existirão outros caminhos.

"

[...] a fim de que não haja divisão no corpo, mas, sim, que todos os membros tenham igual cuidado uns pelos outros. Quando um membro sofre, todos os outros sofrem com ele; quando um membro é honrado, todos os outros se alegram com ele. Ora, vocês são o corpo de Cristo, e cada um de vocês, individualmente, é membro desse corpo.

1Coríntios 12:25-27

"

CAPÍTULO 3

Pedindo Socorro!

Antes de os bebês nascerem, o Rafa e eu havíamos combinado que as nossas mães nos ajudariam apenas nas primeiras duas semanas do pós-parto. Por conta da cirurgia e da demanda de cuidado com os dois bebês, elas estiveram conosco por alguns dias. E os dias se tornaram semanas. E as semanas acabaram virando meses.

Nós como casal tínhamos tão claro na nossa cabeça que a gente daria conta de tudo sozinhos que nos custou um pouco entender que realmente precisaríamos de um apoio maior. Pensávamos antes de eles nascerem: "São só dois bebês, que só mamam e dormem, não deve ser tão complicado assim." Hoje dá vontade de rir quando lembramos que um dia já tivemos esse pensamento. Cuidar de uma casa, de dois bebês e de nós mesmos ao mesmo

INVERNO

tempo, somando ao fato de que teríamos que fazer tudo isso sem ter uma noite completa de sono, nos fez perceber que jamais conseguiríamos passar por tudo isso sozinhos.

No entanto, aceitar essa ideia envolvia me afastar dos pensamentos de que "Minha mãe conseguiu, eu também deveria conseguir", "Fulana dá conta de tudo isso, eu também tenho que dar!". Cada mulher tem uma realidade, muitas inclusive não tiveram nem a opção de contar com uma rede de apoio.

A minha realidade era esta: eu precisava de ajuda! E não era só uma ajuda da minha mãe e sogra, comecei a perceber a necessidade de uma ajuda da nossa família e amigos como um todo. Essa necessidade foi nova para mim, pois sempre pensei que os pais cuidavam de recém-nascidos completamente sozinhos e estava tudo bem. Começando a estudar mais sobre o sono infantil, descobri que antigamente o cuidado da casa e com os filhos era, de certa forma, compartilhado em comunidade. De repente tudo fez sentido! Eu não estava maluca em achar que eu não daria conta só, pelo menos neste início.

Além disso, eu descobri que nos Estados Unidos existe um aplicativo que funciona como uma forma de organizar a rede de apoio dos pais de primeira viagem, e todos podem de alguma forma participar. Por exemplo, um dia alguém se disponibiliza para levar a janta, no outro dia, alguém leva um lanchinho da tarde, e por um tempo a família que teve um bebê vai recebendo esse tipo de cuidado até eles se adaptarem. Eu achei isso o máximo. Agora que sou mãe, me entristeço quando eu olho para trás e vejo como eu poderia ter ajudado mais as pessoas à minha volta que tiveram filhos, porém eu não tinha essa maturidade de que talvez elas estivessem precisando de mais ajuda do que elas realmente falavam.

É fato que ninguém tem obrigação de ajudar os outros, afinal, fomos nós quem quisemos e geramos os filhos. Mas, quando tomamos consciência de que um lar pode se tornar frágil após a chegada de um bebê, nossos olhos se tornam mais misericordiosos e generosos em relação aos novos pais.

Por outro lado, é dever da mãe comunicar aquilo de que está precisando. Toda essa situação delicada dos primeiros dias não pode nos colocar, como mães, em um lugar de vítimas, como se as pessoas fossem más e ninguém quisesse nos ajudar. Uma vez ouvi uma frase que nunca mais esqueci: "Só um bebê tem o direito de querer que os outros descubram o que ele sente, sem falar."

INVERNO

Esse início da maternidade pode ser tão frio e sombrio que a gente acaba se enfiando num buraco, sem pedir ajuda.

"Mas parece tão óbvio!", você pode me dizer. Sim, na nossa cabeça, mas não necessariamente para as pessoas ao redor de nós. A nossa vida parou, a delas não. Nós estamos acordadas de madrugada, as outras pessoas estão dormindo. Nós pulamos uma refeição por não ter tido tempo ou energia para comer, as pessoas seguem almoçando, lanchando e jantando. Por mais duro que isso possa soar: ninguém tem a obrigação de descobrir o que estamos passando. Daí a importância da comunicação.

Isso acontece porque a atenção a nós diminui conforme o bebê cresce. Durante a gravidez nós somos o centro das atenções; para terem contato com o bebê, as pessoas encostam na nossa barriga e conversam com a gente. Logo que o bebê nasce, todo mundo está muito curioso para conhecê-lo, quer ir à sua casa, lhe visitar e conhecer o bebê. Depois que toda essa novidade passa, existem chances de as pessoas se distanciarem e você começar a se sentir só.

Porém, alimentar pensamentos de que estamos completamente sozinhas não vai nos ajudar, especialmente quando a nossa cabeça já está passando por uma sobrecarga gigantesca de novidades e privação de sono. Se você está precisando conversar, ligue para uma amiga. Se a sua necessidade é chorar, se abra com alguém de confiança. Você está com fome? Peça um bolinho a alguém. Eu tenho certeza de que existe pelo menos uma pessoa fora da sua casa que possa lhe ajudar de alguma maneira, mínima que seja. Não passe por tudo isso sozinha.

Eu aprendi isso no dia em que a consultora sobre amamentação me visitou pela primeira vez. Eu estava péssima: minha blusa estava aberta, os seios para fora, meu cabelo para cima, parecendo um ninho de passarinho, eu não havia escovado os dentes há muitas horas, muito menos havia me lembrado de passar o desodorante. Assim que ela apareceu na minha frente, eu pedi desculpas por essa cena lamentável. Ela se sentou à minha frente, demonstrando claramente que não se importava com a minha aparência. E antes de começar a me ensinar sobre a amamentação, ela colocou as mãos sobre os meus ombros, olhou fundo nos meus olhos e me perguntou: "Fernanda, como você está?" Eu desabei, no fundo, tudo o que eu precisava era um lugar para me sentir confortável ao demonstrar minha frustração e cansaço. A partir desse dia, tive

INVERNO

mais inúmeras oportunidades de me permitir ser frágil diante de algumas pessoas importantes na minha vida.

No final das contas, a maternidade me tornou uma mulher muito mais verdadeira. Perdi minha casca grossa, ou melhor, perdi a minha vontade de parecer que eu sempre tinha tudo sob controle. Boa parte das minhas dores das repetidas tentativas de gravidez eu passei sozinha no meu quarto ou com o Rafa, e eu até que aguentei. Mas passar sozinha por este início da maternidade me pareceu insuportável.

Eu sei que nos é ensinado que, ao nos tornarmos mães, automaticamente viramos supermulheres que dão conta de carregar todo o mundo nas costas. Mas essa ideia pode ser extremamente prejudicial. Ela é perigosa porque nos coloca sozinhas em uma ilha, cheias de afazeres e um bebê no colo para aprender a cuidar. Essa carga mental e emocional que carregamos poderia ser amenizada ao entendermos que a maternidade é um processo, e que não precisamos caminhar sós.

Assim, a vida em comunidade pode ajudar muito. Comunique com amor a seus amigos e familiares os melhores horários para você ter companhia em casa. Não afaste as pessoas por ter que seguir uma rotina extremamente rígida com o seu bebê. Eu sei que a rotina é importante, mas uma horinha na sua semana para você comer um bolinho e papear não vai estragar tudo.

Graças à rede de apoio eu descobri que ser mãe não era só cuidar de um bebê: era aprender a cuidar de mim, para então cuidar ainda melhor de um bebê. Sabe quando estamos no avião, e a aeromoça nos ensina a colocar primeiro a máscara de oxigênio em nós mesmos para depois colocarmos na criança? É exatamente isso. Olhe com carinho para você também. Chame alguém para ficar com o seu bebê por trinta minutos, enquanto você toma um banho quente, lava o seu cabelo e aproveita um momento a sós consigo mesma. Vá almoçar com seu marido por uma horinha, só vocês dois. Coma algo que você gosta. Pegue o seu bebê e dê uma voltinha lá fora, saia da sua casa ou apartamento. Tente de alguma forma interromper um ciclo que parece interminável, e para isso peça ajuda às outras pessoas.

Além disso, a necessidade da rede de apoio me fez ver a importância de quebrar o orgulho e aprender a viver em comunhão com as pessoas. Muitas vezes eu tive que sondar o meu coração, me arrepender da minha própria amargura — eu me

INVERNO

ressentia de que ninguém entendia a fase que estava vivendo ou o contexto de ter dois bebês. Por isso, precisei me colocar diante de Deus com humildade, entendendo a minha finitude e pedindo que Ele me ajudasse a passar por essa fase com um coração moldável e disposto a aprender.

Jesus nos ensina em Sua palavra que a igreja deve funcionar como um corpo. Então, assim como um corpo funciona perfeitamente porque cada membro dele cumpre o seu papel, nós devemos aplicar isso à maternidade. Eu sei que é muito comum a gente acabar se afastando um pouco das pessoas depois de ter filhos, mas cuidado para não se afastar demais a ponto de você ser um braço andando sozinho, sem os outros membros que comportam o corpo. Encontre em pessoas próximas a você, seu marido, sua mãe, sogra, alguma amiga, vizinha, uma maneira de viver um funcionamento melhor do corpo. Coloque em prática o viver em comunidade e não carregue o peso da maternidade sozinha.

A Bíblia nos diz que a cabeça do corpo é Cristo. Por mais que achemos que todas as coisas, para que saiam bem, dependam só de nós, precisamos entender que, no final das contas, quem nos capacita para a missão da maternidade é o próprio Deus. Em um mundo cada vez mais egoísta, que nos ensina a viver independentes das pessoas, o caminho de Deus para nós na maternidade é o da dependência total Dele e do reconhecimento de que precisamos uns dos outros.

Não somos autossuficientes. E isso é muito libertador.

Se não for o SENHOR o construtor da casa, será inútil trabalhar na construção. Se não é o Senhor que vigia a cidade, será inútil a sentinela montar guarda. Será inútil levantar cedo e dormir tarde, trabalhando arduamente por alimento. O SENHOR concede o sono àqueles a quem ele ama.

Salmos 127:1–2

CAPÍTULO 4

Boa noite

Ao olhar um recém-nascido, temos a impressão de que estamos diante do ser mais frágil do universo. E isso, em parte, é verdade; durante a gravidez eu nunca tinha pensado que os meus bebês só poderiam viver se eu os alimentasse e cuidasse de cada detalhe. Junto com esse pensamento, vieram outros com as diversas situações que poderiam fazer algo de mau acontecer com eles: engasgar com o leite, bater a cabeça em uma quina, sufocar com o travesseiro e mais um monte de ideias horríveis. Eu passei os primeiros três meses dormindo muito mal por não ter paz ao deitar na cama. Como eu teria paz sem saber se eles estariam seguros longe de mim?

Enquanto o bebê está dentro da nossa barriga, temos a falsa sensação de que temos o controle da situação. Por exemplo, passei por várias possibilidades de perdas gestacionais, e em todas elas o meu médico me recomendava algumas coisas como

INVERNO

tomar remédios e fazer repouso absoluto. Ao cumprir certinho todas as recomendações e ver que o cuidado com a minha gravidez estava funcionando, passei a sentir que, de certa forma, eu estava no controle da situação.

Por isso, ao me deparar com dois bebês fora da minha barriga — e *fora do meu controle* —, eu me assustei. Quantas vezes eu fui checar no meio da noite se eles realmente estavam respirando! Quando ia chegando esse momento do sono noturno, me pegava com uma sensação muito ruim de angústia. Foram três meses tendo alguém dormindo ao lado do berço deles por medo de acontecer alguma coisa.

Por outro lado, essa ansiedade não era nova. Antes de conseguir engravidar, eu passei a ter muitas crises de ansiedade, e isso acabava atrapalhando o meu sono. Naqueles momentos silenciosos antes de dormir, eu ficava pensando em como poderia estar a minha vida, ou em como seria se já tivéssemos um filho, ou se eu já estivesse profissionalmente realizada. Diversos pensamentos pairavam na minha mente todas as vezes que eu colocava a minha cabeça no travesseiro. Existia em mim uma certeza de que essa situação angustiante antes de dormir iria acabar quando tudo o que eu queria se realizasse; finalmente eu teria paz para dormir.

Ao me encontrar profissionalmente e ter dois bebês, eu pude perceber que o problema da minha ausência de paz não estava naquilo que me faltava, mas onde o meu coração estava. Depois do nascimento dos bebês, vieram novas angústias, ao me deitar na cama, ainda me pegava mergulhada em pensamentos desastrosos de coisas que poderiam acontecer com eles, ou em como criá-los em um mundo mau, além de um medo enorme de perdê-los.

Foi quando o Senhor começou a falar comigo. A minha falta de paz estava totalmente ligada a um coração que só encontrava paz nas circunstâncias e não em Deus. A verdade é que as nossas circunstâncias podem até mudar para melhor ao encontrarmos um bom trabalho, enchermos nossas casa de filhos e sermos felizes no nosso casamento. Porém juntamente com essas novas situações virão novas preocupações. Tudo é passível de mudança, menos o Senhor. O nosso Deus é o mesmo, e ao colocarmos o nosso coração Nele, encontramos "a paz que excede todo entendimento" (Filipenses 4:7) e que não depende da nossa situação atual. Precisamos aprender a *simplesmente* entregar os nossos filhos nas mãos de Deus, o que não será uma oração única em nossa jornada como mães. O caminho da confiança

INVERNO

em Deus no cuidado dos nossos filhos é uma entrega diária enquanto eles viverem.

A escritora Tish Warren diz em seu livro *Liturgia do Ordinário*[1] que a nossa necessidade de dormir revela que temos limites e somos finitos. Isso nos coloca em um lugar de extrema vulnerabilidade diante do Senhor, que é o único que nunca repousa, nem dorme, e por isso podemos confiar Nele. Ela também afirma que os nossos hábitos de sono revelam e moldam o que confiamos.

Em uma dessas noites de angústia, fiz uma oração em que abria o meu coração e expunha todos os meus medos ao Senhor. Coloquei em palavras os meus piores pensamentos e reconheci a minha finitude e limitação de tentar achar que eu poderia protegê-los de todo e qualquer mal. Podemos ser as mães dos nossos filhos, mas não somos as donas da vida deles. Deus é, Ele foi o responsável por gerar vida dentro da nossa barriga. É Ele quem os formou, é Ele quem os ama, muito mais do que nós os amamos. É a este Deus a quem entregamos suas pequeninas vidas e caminhamos confiantes de que Ele fará o trabalho que não podemos fazer.

---

[1] WARREN, Tish H. *Liturgia do Ordinário*. São Paulo: Pilgrim; Rio de Janeiro: Thomas Nelson, 2021.

Essa oração de entrega naquela noite fria, seguida de muitas outras nas noites seguintes, foi direcionando o meu coração a um lugar de descanso. Todas as noites, antes de dormir, eu ia ao berço dos bebês, checava se tudo estava bem, se já haviam arrotado, se não tinha nada no berço que pudesse ser perigoso, orava por eles e por sua noite de sono, e ia para o meu quarto dormir — o tanto quanto conseguia até a próxima mamada. Passei a dormir muito melhor depois que comecei a exercitar a minha confiança em Deus.

E este é apenas um dos muitos pequenos passos de confiança que daremos no decorrer da maternidade. Depois da infância, virá a adolescência, depois as decisões que nossos filhos vão tomar, e em todas essas situações podemos ter a paz de encontrar um Deus disposto a nos ajudar a Nele confiar.

Janela de sono

Janela de sono é o intervalo de tempo em que um bebê consegue ficar acordado entre uma soneca e outra. Geralmente essa janela é curta para os recém-nascidos, por isso eles passam tanto tempo dormindo. Esse período pode variar conforme o bebê cresce. Observe e descubra qual a janela de sono do seu bebê, para que desta forma você perceba os sinais de sono que ele pode dar. Assim, você já pode acalmá-lo e levá-lo para tirar sua soneca.

Paninho

O paninho ou a "naninha" pode ser um grande aliado na hora de fazer o seu bebê dormir. É muito simples: na hora do soninho, você pega um paninho limpo (pode ser a própria fraldinha de pano do bebê) e coloca sobre os olhinhos dele. Atenção: jamais tampe o nariz do seu bebê, você precisa ter certeza de que ele está respirando bem. Assim que ele pegar no sono e você o deixar no berço ou onde ele for permanecer dormindo, ajuste o paninho de forma segura para o bebê ou então o retire.

de 0 a 3 meses

Depois de testar estas dicas, me conta se deram certo?

dicas da fê

Efeito vulcânico

Efeito vulcânico é quando o bebê passou da sua hora de dormir ou tem diversas sonecas interrompidas e acaba ficando exausto demais. Geralmente, ao entrar em efeito vulcânico, o bebê passa por um estresse muito grande, chora muito e tem dificuldade para conseguir dormir. Para evitar que isto aconteça, é preciso conhecer as janelas do sono do seu bebê e também os seus sinais de sono para, então, colocá-lo para dormir nos momentos necessários.

"Não só isso, mas também nos gloriamos nas tribulações, porque sabemos que a tribulação produz perseverança; a perseverança, um caráter aprovado; e o caráter aprovado, esperança. E a esperança não nos decepciona, porque Deus derramou seu amor em nossos corações, por meio do Espírito Santo que ele nos concedeu."

Romanos 5:3-5

CAPÍTULO 5

Tudo coloriu

Certa vez perguntei a alguns pais se, com o tempo, a criação de filhos ficaria mais fácil. Um deles me respondeu que a criação dos filhos era igual a um jogo de *videogame*: cada vez que você passa uma fase, chega outra mais difícil. Eu fiquei muito assustada: "Mais difícil do que já está? Não é possível!" Ouvir isso depois de ganhar dois bebês não foi nada animador.

Porém, de certa forma, esperar pelo pior me fez ser surpreendida com o passar do tempo. E, graças a Deus, para o bem. Depois dos primeiros três meses, a minha coluna, que antes mal aguentava me manter em pé, já estava calejada. A falta de sono, que me afetava muito, já quase não me incomodava. Os diferentes choros dos bebês, que antes talvez não fossem compreendidos, passaram a ser decifrados.

PRIMAVERA

E a melhor parte: nesta nova fase os bebês começaram a interagir.

O que antes parecia ser um eterno inverno, começou a florescer. Dias longos, alguns cinzentos, começaram a tomar cor... Ah, a primavera chegou!

Neste segundo trimestre da vida dos bebês, vários sentimentos floresceram em mim. Vê-los sorrindo, aprendendo a pegar as coisas com as mãozinhas e poder acompanhar de perto o desenvolvimento deles foram experiências que serviram de combustível para atravessar aqueles dias puxados. Parece que todo o cansaço se dissipava ao ver aqueles olhinhos fixos em mim enquanto eu os amamentava, ou quando eles passavam a mão sobre o meu rosto. A maternidade realmente é um presente!

Por outro lado, esta nova fase de fato pode ser mais difícil, como a de um *videogame*, mas quem joga desta vez não é a mesma pessoa. Junto com a primavera, chega também uma nova mãe. Mais segura, mais forte e mais experiente. O inverno ia embora, e tudo aquilo que estava seco voltava a ganhar vida. Da mesma forma, eu percebia que, nesta nova etapa, eu via cores em dificuldades que, por um tempo, pareciam nunca serem resolvidas.

Ao passar por essa primeira estação, pude perceber que eu já não era mais a mesma mãe insegura que havia parido os bebês na maternidade. Eu não era a mesma, nem os bebês. Eu me sentia mais forte, sabia que os conhecia mais e eles cada vez se conectavam melhor a mim. A nova rotina da casa já estava quase adaptada, e parecia que tudo funcionava melhor.

Nesse contexto, uma frase muito dita é "Ser mãe é padecer no paraíso", e ela fez muito sentido para mim naquele início de vida dos bebês. Passar noites em claro, algumas vezes querendo chorar de cansaço, e pela manhã acordar com aqueles sorrisinhos banguelas que faziam toda a angústia da madrugada ir embora. Era sempre muito antagônico. Esses momentos maravilhosos com os bebês eram o meu paraíso. Era tão bom que eu não queria mais voltar aos momentos em que eu padecia.

Por isso, me enchi de livros, cursos e tudo que eu pudesse fazer para evitar o desconforto de ter que lidar com dias difíceis ao cuidar de dois bebês ao mesmo tempo. Ao receber e aplicar todo esse conhecimento, era automático o meu desejo de que os bebês correspondessem e agissem exatamente como "deveriam funcionar".

Foi aí que me frustrei, pois bebês não são robozinhos que agem da forma como programamos, ou como um manual de instruções nos disse que funcionaria. Bebês são pessoas e, assim como nós, têm sua personalidade, suas angústias, suas preferências, seus dias bons e ruins.

A experiência de criar gêmeos me ensinou muito sobre a individualidade de cada bebê. Mesmo criando os dois ao mesmo tempo, no mesmo lugar, sob as mesmas circunstâncias, eles sempre foram completamente diferentes. Cada um nos demandava mais em algo e merecia de nós um tratamento e abordagem diferente. Ao entender isso, passei a olhá-los com mais paciência, respeito e amor.

Um outro momento que eu precisei ressignificar foi o das madrugadas em claro. Tinha dias em que os bebês acordavam no meio da madrugada chorando, ou conversando, e demoravam muito para voltar a dormir. Passar a noite em claro depois de um dia cansativo não é nada fácil, nem confortável. Aquilo era um grande desafio para mim. Foi quando, no meio de uma daquelas madrugadas, enquanto eu ninava um neném e ficava repetindo mil vezes na minha cabeça "Dorme logo, neném, por favor dorme logo", eu decidi começar a orar por ele.

Passei então a orar por todas as áreas da vida deste neném, tanto as do presente como as do futuro. Orava por suas decisões, pelas pessoas que passariam em sua vida, por sua saúde e por sua vida no geral. Começava ali a minha jornada de maior intercessora da vida dos meus filhos. Surgia em mim uma necessidade de orar mais por eles, e as madrugadas, que pareciam tão pesadas, foram se tornando um momento nosso com Deus.

Ao colocar em prática uma vida de oração pelos meus filhos, passei também a ter mais facilidade em não querer controlar todas as coisas. Caso você seja uma pessoa controladora, talvez entenda o que eu estou dizendo. Eu tinha, no início, um desejo automático de querer controlar tudo: a rotina, como eles reagiriam ou como evitar tal reação, a quantidade de sono etc. Foi observando alguns comportamentos deles que saíam do meu controle — como simplesmente acordar de madrugada para brincar e ficar fazendo barulhinhos — que eu aprendi que existiriam muitas coisas na maternidade que eu simplesmente não conseguiria controlar.

Assim, eu tinha duas opções: ou eu entraria num ciclo de rigidez, me frustrando porque as coisas não saíam da forma que eu desejava ou da forma que acontecia com outras mães, ou eu aprenderia a desfrutar da minha realidade e a orar pelo que não podia controlar. Orando pelos meus filhos, eu induzia o meu coração a entregar o controle da vida deles nas mãos de Deus.

PRIMAVERA

Deus, por sua vez, ia moldando o meu caráter em direção a novas virtudes. A criação de filhos nos exige muitas virtudes que talvez ainda não dominamos. Foi na maternidade que eu revelei para mim mesma os meus maiores defeitos. Afinal, só a gente sabe o que realmente se passa pela nossa cabeça diante do cansaço. Mas também foi na maternidade que encontrei um lugar de treinamento de virtudes.

Paciência ao ninar um bebê que está com dificuldade de dormir. Domínio próprio ao educar com sabedoria. Humildade ao reconhecer que somos limitadas e precisamos de ajuda. Cada virtude é um exercício diário, que só podemos alcançar contando com a ajuda do nosso Deus. É Ele quem trabalha em nós e em nossas falhas, quando nos parece impossível lutar contra todas elas. É trabalho do Espírito Santo constranger o nosso coração e nos mostrar aquilo que precisa ser reajustado.

Eu não sei se você sabe, mas, durante a primavera, as flores têm um papel mais importante do que simplesmente enfeitar esta linda estação. Uma de suas principais funções é atrair polinizadores, facilitando a reprodução entre as plantas para que, assim, elas possam gerar mais e mais plantas. Portanto, a primavera não é uma estação que se basta em embelezar e mostrar o lado mais bonito

TUDO COLORIU

das coisas, ela também faz florescer em nós virtudes que vão nos permitir continuar caminhando. Lembre-se disto: todos os sentimentos experimentados nesta etapa com o seu bebê e todas as áreas que estão sendo trabalhadas no seu coração vão lhe servir como boas sementes para o futuro. Abra o seu coração para esta nova estação.

> "Entrega-se com vontade ao seu trabalho; seus braços são fortes e vigorosos. Administra bem o seu comércio lucrativo, e a sua lâmpada fica acesa durante a noite. Nas mãos segura o fuso e com os dedos pega a roca. Acolhe os necessitados e estende as mãos aos pobres [...] Muitas mulheres são exemplares, mas você a todas supera. A beleza é enganosa, e a formosura é passageira; mas a mulher que teme ao Senhor será elogiada."

Provérbios 31:17-20, 29-30

CAPÍTULO 6

Hora de recomeçar

Por muitos anos, eu passei por uma crise profissional gigantesca. Depois de cinco anos de muito estudo, dedicação e privação de sono, me formei em Arquitetura e Urbanismo. Já nos últimos anos da faculdade, comecei a perceber que talvez aquela não seria a profissão da minha vida. Depois de tanto esforço, chegar ao fim desta etapa com essa possível conclusão foi muito frustrante para mim.

Depois de formada, eu me casei e decidi que por mais que eu não fosse trabalhar como arquiteta, eu iria partir para novos projetos pessoais, para que eu pudesse também participar na entrada de finanças do nosso lar. Desenvolvi alguns pequenos empreendimentos, principalmente na área de artesanato.

Todos os projetos que eu desenvolvia, por mais que financeiramente rentáveis, sempre me pareciam incompletos. Lá no fundo, eu sabia que eles não eram o trabalho da minha vida e, por isso, sentia que eu deveria continuar buscando algo em que eu me encontrasse profissionalmente. Todo esse processo mexeu muito com a minha identidade. Me fez questionar o meu valor como mulher, além de me trazer muita ansiedade. Não foi nada fácil estar nessa crise profissional por cinco anos.

Um tempo depois, já no meio da minha gestação dos gêmeos, eu decidi colocar em prática um projeto que estava no papel há algum tempo: escrever um livro. Decidi juntar todos os textos que eu vinha guardando há um tempo sobre as minhas tentativas frustradas de engravidar e juntá-los em uma obra que pudesse ser publicada. Foi como um tiro no escuro. Mas por não ter nenhum vínculo empregatício, pensei que essa seria a forma de talvez receber um dinheiro que me ajudaria na licença-maternidade.

Assim, depois de muito trabalho e um mês antes do nascimento dos bebês, o *e-book* foi lançado. O que era para ser mais um pequeno projeto de ajuda financeira aqui pra nossa casa, acabou tomando uma proporção muito maior. Foram mais de 15 mil *e-books* adquiridos em mais de quarenta países.

Resumindo, um mês antes de eu mudar minha vida para sempre com a chegada de duas crianças, apareceu a maior oportunidade de trabalho da minha vida. Quem diria, eu jamais poderia imaginar que seria desta forma!

Porém, após ganhar os bebês, eu passei uns dois meses falando que eu nunca conseguiria voltar a trabalhar, se eu tivesse que ficar uma parte do dia longe deles. Comecei a pensar nas mães que passaram por isso e em como elas devem ter sofrido. Meu coração apertava só de imaginar a cena de precisar me despedir dos meus bebês todos os dias.

Por isso, eu olhava pros bebês quando ainda nem havia chegado a hora de eu voltar a trabalhar e me vinha uma ansiedade. Por fim, eu decidi que ficaria de licença-maternidade por quatro meses completos, e voltaria a trabalhar de alguma forma sem precisar deixá-los longe de mim.

Aliás, assim veio mais uma lição da maternidade: a gente tem uma mania muito grande de sofrer por antecedência. Muitas vezes, acabamos por deixar de aproveitar o momento presente, em que estamos com os nossos filhos, por pensar demais no futuro.

De todo modo, quando os bebês estavam com três meses, surgiu a proposta de transformar o meu *e-book* em livro físico. Era uma oportunidade única, mas, para isso, eu teria que voltar a trabalhar. Então,

PRIMAVERA

organizei na minha cabeça um esquema de trabalho em que os bebês pudessem permanecer comigo.

Eu fazia várias reuniões amamentando, respondia *e-mails* fazendo um bebê dormir, aprovava textos e ilustrações enquanto lavava mamadeiras. Quando eles finalmente iam para o sono noturno, eu me deitava na cama, ligava o celular e terminava de resolver o que eu não conseguia durante o dia. Fui tocando assim até eu entender que, enquanto eu tentava fazer as duas coisas ao mesmo tempo, não estava fazendo nenhuma delas bem. Toda essa demanda estava sendo bem estressante para mim e, consequentemente, para os bebês também. Nesse momento, decidi que precisaria deixá-los por meio período todos os dias, para que eu pudesse voltar a trabalhar regularmente.

Muitas dúvidas (e culpas) passaram pela minha cabeça. Eu questionava muito o fato de eu sempre ter sonhado em ser mãe e, ao mesmo tempo, desejar continuar trabalhando, principalmente quando as oportunidades com que eu sempre sonhei finalmente estavam aparecendo. De certa forma, era como se eu tivesse que escolher entre ser uma boa mãe ou ser uma boa profissional.

Quando deixava os bebês na casa das nossas mães, me sentia feliz e aliviada por finalmente poder tomar um banho quente tranquilamente e depois ir trabalhar. Só que, ao mesmo tempo, eu me sentia culpada. Como pode uma mãe amar tanto a um filho se também gosta do seu trabalho?

Então, eu comecei a pedir que Deus sondasse o meu coração e me ajudasse a enxergar o real motivo de eu voltar a trabalhar nesse momento em que os bebês precisavam de mim, sendo uma fase na qual tudo passa tão rápido. E Ele foi trazendo paz ao meu coração.

A Bíblia, em Provérbios 31, nos fala sobre a mulher virtuosa, e é para ela que devemos olhar quando queremos ser um bom reflexo de uma mulher segundo a vontade de Deus. Ela com certeza é uma mulher multitarefas. O texto nos diz que ela não só participa ativamente do cuidado familiar, como também bota a mão na massa para trabalhar. A mulher de Provérbios foge da preguiça e vai para o campo de batalha para trazer o pão à mesa e as roupas para os que moram em sua casa. E o texto termina falando o mais importante sobre esta mulher: ela teme ao Senhor e, por isso, será louvada.

Eu sei que muitas mulheres voltam a trabalhar, sem nem querer, por uma questão de necessidade. Outras por muitos anos não voltam ao trabalho depois de se tornarem mães, por falta de

PRIMAVERA

oportunidade ou por não ter onde deixar os filhos. Existem também as que não querem trabalhar fora e estão muito bem neste trabalho digno que é o cuidado da casa e dos filhos.

Mas, diante de tantas diferentes realidades, eu acredito que o mais importante é entendermos bem a situação atual em que nos encontramos e respeitar essa estação. É tempo de voltar a trabalhar? Então pediremos a Deus forças para ficar longe dos nossos filhos e para que os proteja enquanto não estivermos por perto. É tempo de ficar em casa com eles por um período integral? Então pediremos a Deus que nos dê forças para aguentar os desafios e sabedoria para lidar com este momento, sabendo que ele pode ser passageiro.

É reconhecendo o senhorio de Deus sobre as nossas vidas que podemos descansar ao tomarmos grandes decisões profissionais. Em todas as estações da nossa vida, independentemente do cargo que exercermos, teremos que pedir o direcionamento de Deus, tendo a certeza de que podemos contar com Ele. No trabalho, em casa ou em qualquer lugar, sempre teremos a um Deus para recorrer e nos dar senso de valor. Valor que vai além dos rótulos de maternidade ou do sucesso profissional.

" É melhor ter companhia do que estar sozinho, porque maior é a recompensa do trabalho de duas pessoas. Se um cair, o amigo pode ajudá-lo a levantar-se. Mas pobre do homem que cai e não tem quem o ajude a levantar-se! E se dois dormirem juntos, vão manter-se aquecidos. Como, porém, manter-se aquecido sozinho? Um homem sozinho pode ser vencido, mas dois conseguem defender-se. Um cordão de três dobras não se rompe com facilidade. "

Eclesiastes 4:9–12

CAPÍTULO 7

E o casamento?

Um dos meus maiores medos ao me tornar mãe era estragar aquilo de bom que eu e o Rafa havíamos construído. A gente se esforçou muito para criar uma base forte no nosso casamento de valores como o amor, o temor a Deus, a amizade, a parceria e o respeito. Antes da chegada dos bebês, gastamos muito tempo fazendo os ajustes necessários no nosso relacionamento, para que a vida em família fosse a mais pacífica possível, mesmo com tantos desafios.

É muito comum ouvir relatos de casais que se separaram depois que os filhos chegaram. No mínimo, também ocorrem reclamações um do outro por não ter a participação necessária, por não priorizá-lo mais ou por simplesmente se sentir deixado de lado. E olha, hoje, estando do lado de cá, posso

PRIMAVERA

lhe dizer que este pode acabar sendo o caminho mais fácil de se tomar, diante da nova rotina com um bebê.

O cansaço, a privação do sono, a insegurança em ter um bebê que ainda não sabe falar e por isso só chora... tudo isso pode revelar o pior de nós. Assim, podemos passar a perder a paciência com quem está ao nosso lado, ser grosseira e querer que o outro entenda nossas entrelinhas.

As primeiras semanas em casa com os bebês foi uma grande adaptação para mim e para o Rafa como casal. A gente já não dormia e acordava juntos, o almoço não era mais olhando nos olhos e batendo um papo longo. A gente não ia mais toda semana no cinema, nem tínhamos todo o tempo do mundo para namorar. Nossos encontros passaram a ser no meio da madrugada pelo corredor, cada um com um bebê no colo, ou fazendo um lanchinho na cozinha em algum (raro) intervalo. A nossa cama, que antes protagonizava momentos nossos, aqueles de só jogar conversa fora, virou um grande trocador de fraldas para dois bebês.

Porém, foram nestes mesmos lugares que passamos a fortalecer ainda mais o nosso casamento. Em meio à dor da amamentação, encontrei no ombro do Rafa um lugar para chorar. Quando o cansaço batia muito forte, e eu já não sabia mais o que fazer, encontrei nos ouvidos dele um lugar para desabafar sem ser julgada. E eu fazia o mesmo por ele.

Passamos a fazer o exercício de, em vez de comunicar a nossa insegurança e estresse por meio de falas grosseiras movidas pelo cansaço, sermos vulneráveis e pedirmos ajuda. Era, mais do que nunca, o momento de sermos refúgio um para o outro. Se já éramos isso antes da chegada dos bebês, por que deixaríamos de ser agora que mais precisávamos disso?

Por outro lado, o caminho de afastamento e de nos deixar vencer pela rotina e cansaço pode ser o caminho mais tentador para um casal a curto prazo. Mas eu posso lhe assegurar que, a longo prazo, essa é a pior decisão a ser tomada. Precisamos nos arrepender do nosso orgulho e ir em direção ao nosso cônjuge, para que possamos caminhar sempre de mãos dadas.

E, com a ajuda de Deus, isso é totalmente possível. Várias vezes, diante da frustração de a paternidade e a maternidade serem tão cansativas, ou da preocupação com os bebês, era na oração que nós, como casal, encontrávamos um lugar para que pudéssemos nos reconectar.

PRIMAVERA

Precisamos entender que, como casal, passaremos por uma missão que não havíamos enfrentado antes. Antes tínhamos de lidar apenas com o nosso marido, e ele conosco como esposa, hoje temos de lidar um com o outro também como pai e mãe, que são funções completamente diferentes.

Então, no justo desejo que nós mães temos de repartir os cuidados com o bebê, é fácil esquecermos que todo mundo que entrou nesse barco de ter filhos está aprendendo. Parece que nascemos prontas para ser mães e, consequentemente, nossos maridos deveriam também estar prontos como pais. Porém, nenhum de nós está pronto, mesmo talvez um tendo mais jeito do que o outro.

Eu me lembro muito bem da primeira vez que fechei a porta do quarto para ir dormir sem o Rafa. Ele iria passar a noite dormindo no quarto dos bebês para eu poder descansar. Não foi fácil. Sim, deixar o pai assumir os bebês por oito horas sem qualquer intervenção minha não foi fácil.

De onde veio essa desconfiança dos pais? Acredito que existem alguns fatores que nos fazem acreditar na incapacidade paterna. Um histórico terrível de abandono paterno na nossa sociedade; pais desinteressados e desconectados dos seus filhos; mães que não confiam nos pais e centralizam em si todos os cuidados. Tudo isso deve ser levado em conta.

Embora saibamos que alguns pais realmente sejam culpados por isso, dentro da minha realidade, queria falar sobre a nossa responsabilidade como mulheres e mães na centralização dos cuidados.

Que tentador é acreditar que só as mães sabem o que é melhor para os filhos. A frase "Mãe sente, mãe sabe" me fez muitas vezes, internamente, questionar se o Rafa seria capaz de criar meus filhos da forma "adequada", além de me colocar numa posição mentirosa de perfeição materna. E sabe o que eu percebi ao lutar contra minha vontade de querer que as coisas saíssem só do meu jeito? Uma conexão maior entre o Rafa e os bebês.

Uma das grandes coisas que aprendi sobre cuidado com bebês é que precisamos conhecê-los para saber do que precisam. Se eu não deixo o Rafa assumir as responsabilidades dele como pai e confio nisso, como ele vai conhecê-los e saber o que é melhor para eles? Pode ser que ele coloque a roupa do avesso ou não faça o bebê dormir da forma que eu faria, mas ele é o pai. E eu não quero ser um obstáculo — o mundo já faz isso por si só —, eu quero ser uma ponte.

Por outro lado, eu entendo o incômodo que certas mulheres sentem quando se elogia os pais

PRIMAVERA

por simplesmente fazerem o mínimo como pais. Basta saber trocar uma fralda e já é um "paizão". Para isso desaparecer é preciso normalizar os cuidados do pai com seus filhos, e para tal, ele precisa pôr a mão na massa.

E vai por mim, dessa forma a gente acaba tendo mais tempo para tomar um banho, dormir e respirar. Tive várias oportunidades de ir dormir mais um pouco, confiando que encontro no meu marido um pai, não um ajudante. A confiança na capacidade paterna só fortalece o casamento e deixa a criação de filhos mais leve. O time só sai mais forte.

Todas as coisas que aprendemos sobre relacionamento antes da chegada dos bebês tivemos a oportunidade de colocr em prática na realidade de um lar com filhos. Não é fácil! Mas é muito melhor quando temos alguém para dividir essa caminhada. Foram em noites intermináveis com os bebês que encontrei aconchego e calor nos braços do meu marido.

Pode ser que o casamento precise passar por uma fase de transição. Assim como a primavera, que está entre uma estação de temperaturas baixas e outra estação de temperaturas altas, o casamento passará por mudanças e se tornará ainda mais vivo. As chuvas que marcam essa temporada podem parecer tempestades, mas, na verdade, estão trazendo vida a uma terra que futuramente gerará muitos frutos.

Não somos adversários jogando o jogo da paternidade/maternidade, tentando provar quem faz mais ou quem faz melhor. Somos um time tentando fazer as coisas darem certo e cumprindo um dos maiores propósitos de Deus nesta Terra: a família.

A Bíblia nos afirma em Eclesiastes que é melhor serem dois do que um, e que um cordão de três dobras não se rompe facilmente. Isso revela que é ainda melhor ser um time de três, do que de dois. Ter Deus como base da nossa família e centro do nosso casamento nos coloca numa posição mais segura. Pois, ao sermos tentados em nos afastar do nosso cônjuge, perder a paciência diante do cansaço da criação de filhos e desconfiar das capacidades do outro como pai ou mãe, olhamos para a cruz e nos arrependemos desses sentimentos, por mais legítimos que eles sejam. Escolhemos o caminho estreito do perdão e do arrependimento, e caminhamos nos fortalecendo em Deus a cada dia, por amor a Ele e à nossa família.

Introdução alimentar

O nome já diz tudo: introduzir os alimentos aos poucos na vida do bebê. É uma fase de adaptação gigantesca para ele, e, se a gente não for com calma, pode ser uma etapa bem estressante tanto para o bebê como para os pais. O principal alimento ainda é o leite; essa fase da introdução alimentar é apenas para que ele conheça os alimentos. Não se frustre se o seu bebê não for bem no início desse processo. Um dos nossos bebês teve muita dificuldade para aceitar os alimentos. Ainda assim, todos os dias oferecíamos comida a ele, mesmo que em pouca quantidade, e quase sempre havia muito choro. Quando chegava neste ponto, a gente parava, dava uma voltinha, e então tentava retomar. Não queríamos que fosse um momento de tortura. Fomos, então, descobrindo qual era o problema, quais eram suas preferências de textura, sabor, e fazendo testes e adaptações até funcionar. E assim foi. Depois de três meses de muita paciência e insistência, este bebê começou a comer superbem. Não desista; depois que o bebê pega o gosto por comer, o momento da alimentação se torna uma delícia.

Bebê feliz

Uma das maneiras de saber se a soneca que o seu bebê tirou foi suficiente é observar como ele acorda. Geralmente, um bebê que acorda feliz e risonho conseguiu tirar o seu soninho da beleza e já está satisfeito. Um bebê que acorda chorando muito e irritado provavelmente precisava ter dormido um pouco mais. Assim que você perceber que é preciso mais tempo de sono, você pode tentar fazê-lo dormir novamente. Às vezes o que faltava para aquele bebê acordar renovado era apenas mais 5 minutos de soneca.

Ritual do sono noturno

Uma das coisas que aprendi nos diversos conteúdos que li sobre bebês é que eles amam rotina e previsibilidade. Por isso a importância do ritual do sono noturno. Tente sempre fazer as mesmas coisas antes de levar o bebê para o berço ou para a cama. Abaixe as luzes da casa, use de preferência abajur e luzes amareladas, comece a falar mais baixo, dê um banho morno, faça uma massagem e o que mais você quiser para compor esse ritual noturno. Tudo isso ajuda o bebê a desacelerar e a entender que chegou a hora de dormir.

dicas da fê

de 4 a 6 meses

"Como são doces para o meu
paladar as tuas palavras! Mais
do que o mel para a minha boca!
Ganho entendimento por meio
dos teus preceitos; por isso,
odeio todo caminho de falsidade.
A tua palavra é lâmpada que
ilumina os meus passos e luz
que clareia o meu caminho."

Salmos 119:103-105

CAPÍTULO 8

O Papá e as Rotinas Espirituais

Você já parou para pensar em como cada estação do ano transita para a próxima de forma que as mudanças de temperatura não sejam tão brutas? O inverno e suas temperaturas baixas antecedem a primavera, que traz consigo temperaturas um pouco mais elevadas, nos preparando para a estação mais quente do ano: o verão.

Ah, o verão... a estação da alegria! O sol vem com força, as férias finalmente chegam, as praias ficam cheias e muitas boas memórias são colecionadas. Tenho ótimas memórias em família durante o verão. Longas viagens de carro até o litoral, inúmeras noites do pijama na casa das minhas amigas,

VERÃO

piscina montada no quintal, dias inteiros no clube. Tenho a impressão de que, quando criança, o meu ano girava em torno da expectativa de que o verão chegasse e eu pudesse finalmente viver tantas boas experiências que esta estação trazia.

Da mesma forma aconteceu na maternidade. Várias pessoas me diziam que a partir dos seis meses muitas coisas melhoravam na rotina com o bebê. De acordo com elas, o fato de o bebê começar a comer ajudava a regular o sono noturno, além da alegria de poder vê-lo conhecer o mundo das frutinhas, verduras e legumes. Que aventura!

A gente aqui em casa estava contando os dias para esse momento chegar. Assim que eles completaram os seis meses, compramos cadeirinhas, pratinhos lindos e babadores maravilhosos. Preparamos tudo para a experiência ser a mais incrível possível. Chegou, então, o grande dia. Montamos tudo, preparamos as frutinhas da melhor maneira que conseguimos, sentamos sorridentes em frente a eles, cantamos uma musiquinha e... foi choro atrás de choro.

O nosso primeiro dia foi um desastre. Eu e o Rafa nos olhamos e falamos: "Tudo bem, amanhã vai ser melhor." No outro dia, oferecemos o alimento a um bebê e foi ótimo, mas para o outro, não. E assim foram

82

os próximos dias. Houve momentos em que um bebê aceitava o alimento melhor do que o outro, outros em que os dois aceitavam bem e outros, ainda, em que nenhum dos dois queria comer nada. O que a nossa nutricionista nos orientou foi que continuássemos oferecendo comida a eles todos os dias e tivéssemos muita paciência. E essa virou nossa nova rotina.

Algumas semanas antes de começarmos a introdução alimentar, eu conheci uma mãe de duas crianças, e ela me contou que havia tido uma experiência bem difícil com a sua primeira filha. Tudo porque ela tinha uma expectativa de que, quando fosse a hora de a criança começar a comer, ela iria simplesmente comer e ponto. Já com a sua segunda filha foi tudo melhor e diferente, pois ela havia entendido que a introdução alimentar nada mais era do que um momento em que os alimentos seriam apresentados à criança, e não necessariamente quando ela já começaria a comer todos eles.

Nesse sentido, a OMS (Organização Mundial da Saúde) adverte que o principal alimento da criança até o seu primeiro ano de vida é o leite. A comida durante esse tempo é o complemento, não o principal. Eu não sei por quê, mas sinto que, no geral, nós mães esperamos o oposto. Achamos que, assim que a introdução alimentar começa, os bebês

VERÃO

obrigatoriamente vão comer mais do que mamar, ou pelo menos vão comer bem. Eu agradeço a Deus por ter conhecido aquela mulher e recebido aquela informação, para que a gente pudesse alinhar as nossas expectativas.

Junto com o entendimento de que precisávamos ter as nossas expectativas ajustadas para esse momento, percebemos também que a introdução alimentar traria uma nova rotina na casa. Ir ao mercado, preparar os alimentos e oferecer comida aos bebês todos os dias, no mesmo horário. E se você analisar bem, os cuidados diários com um bebê envolvem muita repetição. Acordar, dar de mamar, brincar, trocar fraldas e fazer dormir. No intervalo disso é catar brinquedos, dobrar roupinhas, lavar a louça, até que o bebê acorde e o ciclo comece novamente.

Eu me lembro de como fiquei assustada nos primeiros meses de vida dos bebês, ao perceber o quão repetitiva seria a nossa rotina dali em diante. Para nós, adultos deste século, acostumados a ter uma vida corrida, cheia de atividades e distraídos em muitas novidades, cuidar de um bebê e seguir uma rotina pode ser muito desafiador. Pelo menos foi para mim. Afinal, quando o dia acaba e parece que você viveu três dias dentro de 24 horas, você coloca a cabeça no travesseiro sabendo que no outro dia tudo se repetirá.

Entretanto, isso é muito saudável para o bebê, já que a repetição e a previsibilidade são muito importantes para ele. O ritual noturno aqui é: apagamos as luzes da casa, acendemos os abajures, damos um banho morninho neles, colocamos as fraldas, botamos pijama, damos de mamar e os colocamos no berço. Toda essa repetição os ajuda a entender que é a hora de dormir.

Porém, isso foi um desafio para mim. Ao ter uma vida sempre bem cheia, eu nunca gostei de repetições. Adorava conhecer lugares diferentes, mudava a disposição de móveis de um cômodo da casa praticamente a cada semana, pintava e cortava meu cabelo com frequência, sempre gostei de sair da rotina.

Ao me deparar com uma vida em que dois serezinhos precisavam da minha disciplina de ser constante numa rotina, percebi o quão viciada em distrações eu me tornara. Esse momento da maternidade exigiria que eu desacelerasse, me concentrasse em nossa casa e nas necessidades básicas de meus filhos, e repetisse isso todos os dias.

Nesse momento também percebi que a rotina com eles, com a casa e com o trabalho estava me

VERÃO

engolindo, e eu havia deixado de lado alguns hábitos espirituais. Antes de ter filhos, todas as manhãs — após ter tido uma noite reparadora de sono — eu tomava lentamente o meu café da manhã e tinha ali o meu tempo de ler a Bíblia e ouvir um louvor.

Após a chegada dos bebês, eu acordava muitas vezes de um sono turbulento, dava de mamar e tentava comer alguma coisa entre um colo e outro. Minha cabeça, que mal funcionava pelo cansaço, ia se tornando cada vez mais preguiçosa. Era automático: em qualquer pausa do meu dia eu corria para o *feed* das redes sociais. Ali eu podia pensar em absolutamente nada e me distrair de uma rotina que, por mais que fosse deliciosa, muitas vezes era cansativa.

Isso revela como é fácil, na maternidade, que passemos a ter a nossa cabeça em dois extremos: ocupadas e agitadas demais com os nossos filhos ou cansadas e preguiçosas demais, buscando o ócio.

Este foi outro aprendizado que a introdução alimentar me trouxe. Assim como é importante que se prepare e ofereça comida aos bebês todos os dias, mesmo eles não aceitando ou não comendo da forma que gostaríamos, eu também precisaria me esforçar em incluir em minha vida o alimento espiritual. Essa rotina de ter que fazer algo sem saber se eu teria resultados imediatos foi mostrando ao meu coração a importância de voltar a alimentar o meu espírito diariamente também.

Embora eu não fosse a Fernanda de antes, com toda aquela disponibilidade física e mental, eu precisava insistir em buscar um caminho para voltar a uma rotina espiritual. Comecei então a sair da minha zona de conforto, a deixar minhas desculpas de cansaço de lado, e passei a encontrar maneiras de ter meu tempo com Deus.

A princípio, comecei a separar 5 minutos do meu dia para orar e ler a Bíblia, até conseguir adaptar a rotina com os bebês juntamente à rotina espiritual. Não foi fácil! Colocar nossa cabeça para pensar e voltar a exercitar nossos músculos espirituais é como voltar a fazer atividade física. Todo início é difícil.

Mas eu precisava voltar, não só por mim, mas pela minha família. Eu queria que os bebês crescessem numa casa com o exemplo de uma vida espiritual ativa. Além disso, eu queria voltar a amar a Deus em primeiro lugar. No evangelho de Lucas, Jesus nos diz que devemos amar a Deus acima de todas as coisas e ao nosso próximo como a nós mesmos. Contudo, na maternidade, sentimos que tudo isso pode se inverter: passamos a amar mais a nossos filhos do que a nós mesmas e também mais do que a Deus.

VERÃO

Ao nos afastarmos de Deus e colocarmos os nossos filhos, o cansaço e as tarefas em primeiro lugar, nos colocamos numa zona perigosa de independência espiritual, numa falsa ideia de que absolutamente tudo depende de nós.

Por isso, ao termos uma vida de reconhecimento da nossa finitude e das nossas limitações, Deus diariamente desperta o nosso coração para aquilo que é eterno. O convite dele para nós como mães é uma vida de dependência total.

Ao introduzir os alimentos para o seu bebê aos poucos, dando pequenos passos, quero lhe incentivar a também introduzir na sua vida o alimento espiritual. Pode ser que, diante de tantas cobranças internas da maternidade, essa possa soar como mais uma; mas não é. Podemos contar com o auxílio do Espírito Santo ao nos incomodar e nos direcionar às rotinas espirituais. Graças a elas encontraremos a base dos valores que queremos ensinar aos nossos filhos no futuro.

"
Eu vim para que tenham vida e
a tenham em abundância.

João 10:10

"

CAPÍTULO 9

Corpo do verão?

A mensagem que mais recebi nas redes sociais durante a gravidez foi o quanto eu havia ganho peso. E, depois que os bebês nasceram, o quanto eu havia emagrecido. Existe um interesse muito grande da parte das mulheres nessa questão do corpo durante a gravidez e no pós-parto. Afinal, vivemos em um mundo em que a estética do corpo é supervalorizada, principalmente a da mulher.

Independentemente da aparência, a gravidez e tudo o que acontece no corpo da mulher durante a gestação me fascinam. Você já parou para pensar que engravidar nada mais é do que emprestar o nosso corpo para que outra vida habite nele? Que mistério maravilhoso é esse de gerar uma vida!

Porém, ao emprestar o nosso corpo, é como se ele deixasse de nos pertencer durante aquele

VERÃO

tempo. Não podemos controlar o fato de que o bebê vai crescer, os órgãos vão se reposicionar, os seios vão se preparar para produzir leite, entre as infinitas mudanças que o nosso corpo vai passar. Eu ficava maravilhada durante a minha gravidez com o quanto Deus é perfeito e como Ele faz o nosso corpo funcionar em favor daquela nova vida. De certa forma, parece que a gestação nos prepara para vermos essas tantas mudanças no nosso corpo com um olhar de beleza e encantamento. Pois entendemos que tudo o que está acontecendo ali é pela vida do bebê.

Todavia, precisamos confessar que esse momento também pode nos causar estranheza. Principalmente no pós-parto. Uma coisa é ver o nosso corpo transformado porque dentro do nosso útero habita um ser humano. Outra coisa é continuar vendo essa transformação mesmo quando já não há um bebê ali dentro. Pelo menos para mim, isso foi muito esquisito.

Dias após o parto, eu olhava no espelho e enxergava um corpo estranho em mim. Eu não tinha mais aquela barriga gigantesca que carregava dois bebês, mas, no lugar dela, tinha uma barriga que nunca havia me pertencido. O útero ainda estava bem grande, a pele estava flácida, meus seios estavam diferentes, além de toda limitação em que meu

CORPO DO VERÃO?

corpo se encontrava após passar por uma cirurgia. A minha postura era encurvada, os meus ombros estavam caídos e toda essa mudança permaneceu por alguns meses após eu ganhar os bebês. Se eu falar que enxerguei beleza ao ver meu corpo transformado dessa forma, eu estarei mentindo.

Porém, neste processo eu aprendi a ressignificar o momento pelo qual o meu corpo estava passando. Ele realmente não seria mais o mesmo, pelo menos não por um tempo, mas eu poderia aprender a respeitá-lo, a amá-lo da forma em que ele se encontrava. Se, naquele tempo, eu fosse cair na armadilha das fotos da minoria das mulheres, que passa quase imune às mudanças no corpo após ganhar um bebê, tudo teria sido mais difícil. Claro, por alguns momentos eu caía nessa comparação, mas logo eu me recompunha.

Eu diria que esse tempo de voltar a reconhecer o meu corpo poderia ser dividido em três fases. A primeira foi quando eu olhava para o espelho e nem me reconhecia. Por um tempo eu até evitei ficar cruzando muito em frente ao espelho. Nesta primeira fase, eu ainda não podia me exercitar e planejava fazer isso só depois.

Depois veio a segunda fase, resumida pelo pensamento: "Ah, deixa quieto, vai ficar assim mesmo."

VERÃO

Quando digo isso, não falo apenas de uma preo-cupação estética, mas também de uma preocupa-ção com a minha saúde. Eu lesionei minha coluna durante a gravidez, que era de risco, ao perder toda a força da minha musculatura por passar muito tempo de repouso. Por isso, aguentar carregar os bebês era muito difícil. Fisicamente eu não estava saudável, mas ainda assim eu decidi largar mão de me cuidar ao perceber quão longo seria o caminho de volta.

Quando os bebês completaram 7 meses, deci-dimos que iríamos tirar nossas férias de verão na praia com alguns amigos. Foi inevitável o pensa-mento incômodo de que o meu corpo estaria expos-to na frente das pessoas. Comecei a cair numa ideia a qual eu sempre fui contra: até o dia da viagem eu faria exercícios e me alimentaria melhor só para tentar "recuperar" um pouco do meu corpo.

Este pensamento serviu de alerta final, me mostrando que algo não estava correto. Essa foi a última e terceira fase. Naquele momento eu percebi o quão prejudicial estava sendo levar a vida dessa forma. O meu corpo fazia parte da maternidade, e eu não podia mais deixar isso de lado. Já não era mais uma questão de gostar de me olhar no espelho ou não, era uma questão de saúde física e emocional.

CORPO DO VERÃO?

É verdade que, como mulheres, somos muito incentivadas a olhar para o nosso corpo com um olhar puramente estético. Porém, essa ideia nos afasta do caminho da saúde. Cuidar do nosso corpo apenas com a motivação estética nos coloca numa relação nada saudável com ele. Pode ser que passemos a cuidar do nosso corpo apenas para ver resultados estéticos, quando eles deveriam ser a consequência, não a real motivação.

O cuidado com a nossa saúde deve envolver o entendimento de que o fazemos porque nosso corpo é uma dádiva de Deus. Não somente habitamos em um corpo, nós somos um corpo. Ao negligenciá-lo, estamos negligenciando a nossa própria vida.

Ao movimentar o nosso corpo, bons hormônios são liberados, de modo a beneficiar o nosso cérebro e as nossas emoções. O fato de eu sair de casa, dar uma volta em um parque e me movimentar — que não fosse só levantar e agachar para pegar um bebê, ou preparar uma mamadeira — foi me trazendo um olhar carinhoso novamente sobre o meu corpo.

Que desafio é a maternidade! Primeiro a gente empresta o nosso corpo para que dele saia uma vida, depois a gente perde o controle sobre ele e o assiste em transformação. E, no final dessa jornada,

VERÃO

precisamos reencontrar um caminho onde fazemos as pazes com ele e o tratamos com o devido cuidado.

Não estamos aqui pela busca do corpo do verão ou pelo corpo da revista *fitness*. Queremos um corpo que carregue vida e uma vida que dure por muitos anos. Se queremos estar mais dispostas para cuidar dos nossos filhos, ter a força necessária para carregá-los, além de ter energia para brincar e passar tempo com eles, precisamos cuidar da nossa saúde, e isso envolve o cuidado com o corpo.

Quer privilégio maior do que ter a saúde necessária para viver o suficiente e ver as promessas de Deus se cumprindo na vida dos nossos filhos, netos e bisnetos? Isso sim é um presente! A vida é um presente, o nosso corpo é um presente. Que possamos desfrutar da vida abundante que o Senhor tem para nós.

"
O amor é paciente, o amor é
bondoso. Não inveja, não se
vangloria, não se orgulha.
Não maltrata, não procura
seus interesses, não se ira
facilmente, não guarda rancor.
O amor não se alegra com a
injustiça, mas se alegra com a
verdade. Tudo sofre, tudo crê,
tudo espera, tudo suporta.
"

1 Coríntios 13:4–7

CAPÍTULO 10

Amor Sacrificial

Nós sempre quisemos ter dois filhos e, algumas vezes, até já falávamos num terceiro, mas esse era um plano para quando os bebês estivessem maiores. Afinal, queríamos primeiro nos acostumar completamente com a rotina de uma vida com dois bebês, se é que isso é possível. Antes que os gêmeos completassem nove meses, eu comecei a me perceber diferente. Estava sentindo um sono fora do normal e uma vontade enorme de comer carboidratos. Falei para o Rafa que eu poderia estar grávida, e ele me disse que isso era psicológico — partindo do pressuposto de que, se foram necessários vários exames, remédios, procedimentos médicos e uma cirurgia para que eu engravidasse da primeira vez, agora não seria diferente.

Ainda assim, decidi fazer o teste e... o resultado deu positivo! Foi uma grande surpresa.

VERÃO

Engravidar de forma rápida e totalmente natural era algo muito novo para mim, além do susto de, naquele momento, já ter dois bebês com menos de nove meses de idade.

Após a descoberta dessa gravidez, eu fiquei por três dias em silêncio. Tentava fazer uma logística na minha cabeça de como seria cuidar de três bebês ao mesmo tempo. Confesso que me veio um sentimento de incapacidade enorme, junto com uma culpa por não ter saído pela casa gritando de alegria ao descobrir a gravidez. Me senti muito mal e até ingrata por estar reagindo de maneira diferente.

Conversando com outras pessoas que engravidaram pela segunda vez quando seus bebês ainda tinham alguns meses de vida, percebi que as reações e sentimentos eram bem similares. Parece que quando engravidamos pela primeira vez, por não sabermos como vai ser, tudo o que vem na nossa cabeça é um bebezinho fofo deitado em um berço. Já na segunda gravidez, é como se a parte racional do nosso cérebro estivesse sempre ativada, e a gente só conseguisse calcular as horas de sono que sobrarão e a quantidade de fraldas a mais que serão necessárias. Eu não estava sozinha nesse mix de sentimentos.

É claro que desejávamos muito este novo bebê. Era um sonho saber que, depois de tudo o que passamos, Deus havia nos agraciado com uma gestação rápida e natural. A vida é um presente! Entretanto, o meu coração estava mergulhado na realidade de já termos dois bebês e na angústia de não saber se daríamos conta.

O meu maior medo, na verdade, era uma vida tão sacrificial.

Eu morei com meus pais durante toda a minha vida, até eu me casar aos 25 anos. Mas foi só quando me tornei mãe, aos 30 anos de idade, que meus olhos se abriram para todo o sacrifício que eles tinham vivido.

Eu ouvia de todos os lados que a gente passa a valorizar e admirar mais os nossos pais depois de ser mãe, mas eu achava que isso não aconteceria comigo, afinal, eu já os valorizava bastante. Porém, ao me deparar com toda a demanda de uma casa com filhos, eu olhava para minha mãe e ficava imaginando ela vivendo aquela cena por mais de 25 anos.

Além disso, a ajuda da minha mãe e da minha sogra nesses primeiros meses me fez perceber a força da maternidade. Eu olhava para elas cuidando dos bebês, muito dispostas a cozinhar e nos ajudar com a casa, e só conseguia pensar em como elas eram capazes de tudo isso.

VERÃO

E não só como avós. Como elas conseguiram, lá no tempo delas, cuidar dos filhos, trabalhar, seguir com a vida e ainda assim ter toda essa disposição hoje com os netos? Elas passavam a noite em claro com os nossos bebês para que a gente pudesse dormir mais um pouquinho e nos ajudavam com a casa enquanto eu mal conseguia ir ao banheiro, muito menos exercer várias funções da maternidade com excelência.

Uma vez, ao conversar em uma rede social sobre isso, uma senhora me deu uma explicação interessante. Ela me disse que percebia que a nossa geração tinha uma experiência de maternidade diferente da geração dela. Trinta anos atrás, as mulheres não possuíam tantas outras possibilidades além de serem mães, como propostas de trabalho e outras tantas programações fora de casa. O cuidado do lar e dos filhos em si já era um baita trabalho, e elas, desde pequenas, cresciam já sabendo que isso em algum momento aconteceria. Ela afirmou que conhece poucas mulheres da idade dela que passaram por uma crise ou um susto diante de tanta demanda. Conversando com minha mãe e minha sogra, eu percebi a mesma coisa.

Por outro lado, se olharmos para a nossa geração de mães e para as próximas, podemos perceber que crescemos em um ambiente totalmente diferente. É como se o susto do sacrifício fosse uma crise da modernidade.

Não se trata de menosprezar a vida que levamos hoje, como se lá atrás as mulheres fossem mais fortes. De maneira alguma. Cada época carrega consigo os seus desafios. Mas precisamos reconhecer que vivemos em um mundo em que uma vida de facilidades é hipervalorizada. Os diversos aplicativos estão aí para evitar ao máximo que saiamos de casa para pagar uma conta, ou mesmo fazer uma compra. Podemos saber da vida das pessoas — mesmo que superficialmente — no conforto do nosso sofá, ao ver fotos e vídeos pela internet. Não precisamos nem ter o trabalho de discar um número, ou mesmo de iniciar uma conversa, para ouvir a voz de alguém. É só abrir as redes sociais. Quantas vezes pedimos uma comida pronta ao invés de passar tempo cortando, descascando e preparando o alimento? Quantas vezes trocamos um tempo de conversa e troca de olhares com quem amamos por horas em frente a uma tela, assistindo a filmes e séries? É tudo tão mais cômodo e fácil.

De repente, vem um bebê.

Esse pequeno ser humano exige de nós tempo, disponibilidade, dedicação e serviço. Tudo de melhor que podemos dar para os nossos filhos exige de nós sacrifício, seja uma comida saudável

VERÃO

preparada à mão, seja o fato de a gente sentar no chão com eles para interagir.

Assim que ganhei os gêmeos, juntamente com a alegria imensa de tê-los em meus braços, eu senti sobre minhas costas todo o peso dessa responsabilidade gigantesca. Não sei se foi por serem dois bebês, mas foi assim que me senti. Lembro de me deitar na cama na primeira noite deles em casa, olhar para o Rafa com os olhos arregalados de medo e começar a chorar. Nossa vida havia mudado para sempre!

Conforme os dias foram passando, os novos desafios chegaram. A amamentação, estabelecer uma rotina, a privação de sono, entre muitas outras coisas, me fizeram perceber o quão sacrificial seria a nossa vida dali para frente.

É claro que eu já experimentava uma vida de sacrifícios antes, dentro do casamento e em outras áreas também. Afinal, quem cresceu na comunidade da igreja sabe que sempre fomos ensinados e incentivados a nos doar uns pelos outros.

Entretanto, para mim, nada se comparava à experiência de se doar 24 horas por dia, sete dias por semana, pelos próximos muitos anos. Por mais que eu sempre tenha sonhado em ser mãe e viver esse momento, tudo isso foi um choque!

AMOR SACRIFICIAL

Conforme os meses se passavam, fui percebendo que o meu corpo e espírito estavam sendo moldados e, de certa forma, já estavam "calejados". Afinal, se sacrificar diariamente é como alongar um músculo. Cada dia que passa, e quanto mais você pratica, mais ele alonga, maior fica o limite dele. O que parecia impossível vai se tornando suportável.

Mais do que isso, passei a encontrar beleza nos pequenos sacrifícios de uma vida ordinária. Eu não estava perdendo meu tempo ao passar horas na cozinha fazendo a comida da semana dos bebês, eu estava preparando o alimento que iria nutrir os seus corpinhos para que pudessem ter energia e crescer com saúde. Não era uma bobeira estar no tapete com eles, rodeada de brinquedos, cantando a mesma musiquinha pela quinquagésima sexta vez. Eu estava assistindo de perto aqueles sorrisinhos banguelas se abrirem para mim, ao repetir sons que os alegravam.

Precisamos ter a consciência de que vivemos em um mundo em que as telas dos dispositivos móveis, cheias de novidades e notificações, são muito atraentes. Da mesma forma, as facilidades deste tempo tentam nos convencer de que a vida é melhor se vivermos para nós mesmos. Mas a vida real e simples, cheia de dedicação e sacrifício, é a vida que o Senhor tem para nós.

VERÃO

Um dia eu tive uma experiência que ilustrou essa dádiva do Senhor na minha vida. Diante da realidade de me doar tanto ao ter que cuidar de dois bebês e da surpresa ao saber que viria um terceiro logo em seguida, pedi ao Senhor que mudasse a minha perspectiva. Fui dormir uma noite fazendo essa oração e, na manhã seguinte, acordei passando a mão na minha barriga. Me veio à mente a imagem dos três crescendo juntos, e eu só conseguia agradecer por essa grande aventura que enfrentaríamos. Eu sentia que, a cada dia que passava, novas perspectivas adquiriam forma para mim. Que privilégio passar pela experiência única de cuidar de três bebês e poder vê-los crescendo juntos! Ficou muito claro para mim que esse novo olhar era a resposta daquela minha oração.

O médico americano John Trainer diz: "Filhos não são uma distração do trabalho mais importante, filhos são o trabalho importante." A nossa cultura moderna sempre vai incentivar o pensamento de que os filhos nos atrapalham de viver uma vida plena e realizada. Mas, ao vivermos sendo guiados por esse tipo de pensamento, perdemos a chance de desfrutar da plenitude da vida em família que Deus planejou para nós. Filhos não nos atrapalham, eles nos moldam. Filhos não nos afastam de uma vida com propósito, eles são o propósito.

AMOR SACRIFICIAL

O mais importante da experiência da maternidade foi que eu pude entender um pouco mais do amor sacrificial de Jesus por nós. Doar-se por inteiro, sem esperar nada em troca. Amar mesmo quando nossas expectativas não são correspondidas. Amar sem que o bebê nos obedeça como gostaríamos. É exatamente este o amor de Cristo por nós. Como o pastor e teólogo Timothy Keller diz:

> Ser amado sem ser conhecido é confortador, mas superficial. Ser conhecido e não ser amado é nosso maior medo. Mas ser plenamente conhecido e verdadeiramente amado é muito parecido com ser amado por Deus. E é disso que precisamos mais do que qualquer outra coisa. Esse amor nos liberta da presunção, nos humilha a ponto de abandonarmos a hipocrisia e nos fortalece para qualquer dificuldade que a vida trouxer.[1]

Além do mais, percebi que esse amor da maternidade apenas se multiplica. Diferente da gestação dos gêmeos, quando fiquei grávida novamente eu já entendia o amor que sentia por este novo

---

[1]KELLER, Timothy. *O significado do casamento*. São Paulo: Edições Vida Nova, 2012. p. 116.

VERÃO

bebê. É um amor que vai além de qualquer fantasia ou idealização romântica, amor que ama de verdade. Este bebê não era a realização de um sonho que vinha acompanhado de pensamentos vagos do que seria a maternidade. Eu já conhecia a maternidade e seus desafios e, por isso, verdadeiramente amava ser mãe. Dessa forma, meu terceiro filho não vinha bagunçar o que estávamos tentando organizar. Ele vinha para somar o propósito de Deus nas nossas vidas como família.

Jesus nos diz que há maior felicidade em dar do que receber. Passei a experimentar, todos os dias, um amor que nunca havia dado, só recebido. Aprender a amar mais como Jesus nos ama é um privilégio, mas não deixa de ser sacrificial. Podemos nos sentir felizes, cansadas, mais responsáveis e mais fortes depois de tanto nos doarmos. E isso não é romantizar o cansaço, até porque sacrifício não é uma idealização. Sacrifício é amor.

Em um mundo egoísta e viciado em só alimentar os próprios prazeres, se entregar ao sacrifício da criação de filhos pode ser revolucionário. Que missão! Estamos juntas nessa!

de 7 a 9 meses

Dica boa é d[e] compartilha[r]

dicas da fê

Hora do tédio

É muito comum falar aos pais sobre a importância dos estímulos para os bebês. Musiquinhas, brinquedos coloridos com várias funções e diversas outras atividades. É verdade que os estímulos têm um papel importante no desenvolvimento infantil, porém, pouco se fala sobre a importância de ensinar a criança a lidar com o silêncio e o tédio. Desde pequeno, dê a seu bebê a chance de brincar com apenas um brinquedo por algum momento ou, então, deite com ele na grama e lhe mostre o céu e as árvores. Escutem juntos o barulho do vento e desfrutem apenas da contemplação. Esses momentos ajudarão o bebê a ser criativo em como passar o seu tempo e brincar com qualquer coisa, além de, um dia, lhe dar autonomia de curtir a sua própria companhia. Em um mundo tão acelerado e cheio de atividades, o tédio é um presente que podemos dar aos nossos filhos.

Ensinando a dormir no berço

Descobrimos essa técnica quando os bebês estavam com sete meses. Nós nos sentíamos seguros para ensinar e, eles, aptos para aprender. Ela consiste em ensinar gradativamente o seu bebê a dormir fora do colo no sono noturno, para que, quando ele acordar de madrugada, não estranhe o berço e o fato de já não estar mais no colo. Considere uma escala de 0 a 10, sendo 0 o bebê estando completamente acordado e 10 o bebê estando completamente dormido. Serão dez dias em que você colocará o bebê no berço depois de ele mamar e antes de ir para o sono noturno. No primeiro dia você o colocará no berço na nota 9 de acordado; no segundo dia, na nota 8. E assim sucessivamente. Por exemplo, no dia 5 você estará colocando o bebê na nota 5, ou seja, ele estará meio dormido e meio acordado. Se, ao colocá-lo no berço, o bebê chorar, você pode pegá-lo novamente no colo e ajudá-lo a voltar à nota em que ele estava, para depois colocá-lo no berço novamente. A ideia é você chegar no décimo dia colocando o bebê completamente acordado no berço e ele dormir a partir dali. Neste processo, pode ser que o bebê acorde ao ser colocado no berço, comece a brincar, fazer barulhinhos e até mesmo levantar. A gente sempre ficava ali ao lado, dando tapinhas no bumbum ou cantarolando, sem pegá-lo no colo. Com o passar dos dias, fomos tirando essas pequenas intervenções e percebendo que eles estavam conseguindo pegar no sono sozinhos. Além disso, percebemos que uma das maiores dificuldades que os nossos bebês tinham em voltar a dormir sozinhos era que sempre os manuseávamos durante a noite. Colocávamos a chupeta com qualquer resmungo ou mexíamos neles. Quando começamos a dar um tempinho para eles chorarem antes de atendê-los, percebemos que eles mesmos voltavam a dormir sem precisar da nossa intervenção.

Educa a criança no caminho em que deve andar; e até quando envelhecer não se desviará dele.

Provérbios 22:6

CAPÍTULO 11

A arte de Gastar Saliva

Se algum dia você ouviu alguém dizer que a maternidade "só melhora", essa pessoa estava lhe dizendo a verdade. Eu jamais imaginei que, depois de passar pelo frio do inverno, pelas flores da primavera e pelo calor do verão, poderia vir uma estação ainda melhor, fechando com chave de ouro este primeiro ano sendo mãe.

As temperaturas finalmente se estabilizavam e, enquanto as folhas das árvores caíam trazendo movimento para esta nova estação, chegava o momento de contemplação. De perto, eu assistia os bebês provarem ser, na verdade, dois seres humanos. Eles demonstravam gostos,

OUTONO

personalidade, faziam graça, transpareciam êxtase e alegria. Algumas pequenas palavras começavam a surgir, objetos eram escalados, e aquelas pequenas criaturas que antes se moviam desajeitadamente, ganhavam velocidade e coordenação.

Os bebês viraram a nossa série predileta. Cada manhã acordávamos animados para saber qual era o próximo episódio. Éramos surpreendidos diariamente com algum passo do desenvolvimento deles. Lembro quando eles começaram a nos dar beijos cheios de baba e a demonstrar afeto por nós... fazia absolutamente tudo valer a pena.

Parece que todo aquele esforço anterior em tentar entender as necessidades dos bebês se transformava em um novo desafio: agora iríamos conhecer quem eles eram de verdade. Não era mais uma questão de entender apenas suas necessidades de fome ou sono. Era o momento de ver como eles reagiam às situações, que tipo de pessoas eles gostavam, qual brincadeira era a favorita ou o que lhes entristecia. Não é que aqueles dois serezinhos estavam realmente crescendo e tínhamos duas pessoas a mais morando em nossa casa?

Ao observá-los com personalidade e muitas vontades, percebemos que chegara o tempo de criá-los. Enquanto antes eram necessários somente cuidado e atenção, agora seria o início da fase da educação. Os "nãos" eram mais frequentes, nós lhes ensinávamos a agir com carinho ao invés de bater e lhes mostrávamos o que era perigoso. Junto com esses ensinamentos e correções apareciam as birras, mas também muitas gargalhadas e olhares de admiração enquanto eles descobriam a vida. Tudo tem graça para eles! O fio do tapete, a chuva caindo, a formiga subindo a parede... tudo é novidade e digno de curiosidade.

Como pais, nós somos responsáveis por mostrar o mundo aos nossos filhos. Somos nós que vamos lhes mostrar a riqueza da natureza, levar a lugares diferentes, explicar o comportamento das pessoas... ou seja, neste início de suas vidas, nós lhes ensinaremos o que é viver. Porém, entender a vida envolve aprender a se comportar diante dela, o que chamamos de fase da educação.

A criação de filhos é todo um universo à parte. Existem diversas linhas da psicologia, estudos e maneiras diferentes de se criar as crianças. A gente pode estudar todas essas propostas, ler vários livros, ouvir opiniões de todos os lados, mas no final das contas cada pai e mãe vai escolher o seu próprio caminho. Cada um de nós descobrirá juntamente com o seu parceiro qual a melhor forma

OUTONO

de cumprir a missão de criar, amar e educar esses novos seres humanos.

Contudo, eu sinto que o caminho da criação e educação de filhos é um lugar cheio de questionamentos e dúvidas. Me lembro que, quando os bebês eram menores, eu e o Rafa insistíamos na ideia de dormirmos na nossa cama e os bebês lá no quartinho deles. Afinal, na teoria sabemos que este é o correto e o melhor para o casal. Porém, isso custava muito as nossas noites de sono, já que um bebê acabava acordando o outro ao chorar e a gente passava a noite toda se levantando da cama. Decidimos então separá-los de quarto, e cada um de nós ir dormir com um deles.

Chegar à conclusão que dormir separados por um tempo seria melhor para o sono de todo mundo nos fez questionar se essa era a decisão correta. Se isso seria bom para nós como casal ou para os bebês como filhos. Tínhamos vergonha de falar para as pessoas que dormíamos separados, com medo do julgamento. Não aconselharíamos nenhum casal a dormir separado, mas foi o que funcionou para nós aqui em casa. Dormíamos melhor e por isso passávamos o dia mais dispostos até mesmo para conviver um com o outro. Mudamos o nosso tempo de intimidade para outros momentos e entendemos que essa situação era passageira. Nosso casamento não deixaria de ser a nossa prioridade por dormirmos separados por alguns meses. Precisávamos nos adaptar, assim como aconteceria mais para frente na fase da educação.

Nesse momento da jornada pode ser que os pais discordem um do outro. Isso aconteceu um pouco aqui em casa. Anteriormente, eu e o Rafa dividíamos somente os cuidados com os bebês e já tínhamos chegado em vários acordos neste assunto. Agora era o momento em que precisaríamos, juntos, como um time, descobrir a forma correta de educá-los. Nem sempre é fácil achar esse caminho em comum, afinal, nós viemos de criações e contextos diferentes, e isso acaba influenciando a maneira como enxergamos o mundo.

Então, mais uma vez, o nosso casamento passaria por uma fase de acertos. Depois que os bebês iam dormir, nós sentávamos no sofá e íamos conversar sobre o dia. Juntos, tentávamos encontrar uma solução de como lidar com cada um dos bebês ou abríamos o nosso coração falando o que estava sendo difícil para cada um de nós. Esses momentos de conversa me fizeram perceber como era difícil para mim como mãe entender que os meus filhos precisam crescer.

OUTONO

É verdade que eles ainda são bebês e continuarão sendo bebês por um tempo, mas, ainda assim, precisamos deixá-los crescer. Permitir que isso aconteça não é pular etapas, mas entender que não podemos evitá-las. Não tem jeito, em algum momento eles vão cair, se machucar e, por mais que tentemos protegê-los de qualquer mal com todas as nossas forças, muitas vezes é assim que eles vão aprender.

Alguns anos atrás nós conhecemos um casal na Espanha que tinha um bebê pequeno. Ele tinha acabado de aprender a andar e, por isso, se movimentava cambaleando. Me lembro de que a mãe não dava nenhuma oportunidade para o bebê cair. Ele começava a se desequilibrar e ela estava absolutamente o tempo todo com as mãos em volta dele. Ela era quase onipresente. Em dias inteiros que passávamos juntos, ela passava todo o tempo com as mãos em volta do bebê. Não víamos o bebê encostar a mão ou o bumbum no chão uma vez sequer. Algumas vezes eu me oferecia para trocar de lugar com ela, para que ela pudesse ao menos sentar e comer, mas ela queria estar sempre neste cargo.

Não estou afirmando que ela era uma mãe ruim, de forma alguma. Que mãe não quer proteger o seu filho do mal? Mas aquela atitude me fez pensar em como muitas vezes lidamos com a maternidade colocando os nossos filhos em uma bolha de proteção. É claro que não queremos deixar nossos bebês caírem ou vê-los machucados, mas eu reflito no quanto a nossa superproteção pode ser prejudicial na própria experiência de aprendizado do bebê.

Muitas vezes eu me peguei no lugar desta mãe. Neste sentido, o Rafa foi fundamental em me ajudar a ver que eu estava caindo no erro da superproteção. Inclusive, achar que a etapa de educá-los começaria somente nesta fase de dez meses também era uma ideia equivocada. Na minha cabeça, a maneira como eles reagiam quando ainda menores era tão "animal" e irracional, que tínhamos que simplesmente atender aos seus desejos 24 horas por dia. Foi quando comecei a ver alguns sinais de muita irritabilidade nos bebês. Acontecia com frequência diante do fato de não conseguirem algo que queriam ou no momento das refeições. Para que eles não se irritassem, passávamos quase uma hora oferecendo alimento e, ao mesmo tempo, cantando um CD inteiro de músicas. Nós os entretínhamos ao máximo como animadores de torcida para que pudessem comer. Neste momento, percebi que tínhamos falhado em alguns aspectos.

Até algumas coisas que, aparentemente, lidávamos bem estavam sendo um desafio para nós.

OUTONO

Por exemplo, o momento de ter que levá-los de carro a algum lugar. As pessoas sempre me perguntavam como eu tinha coragem de dirigir o carro sozinha com os dois bebês atrás desde que eles eram recém-nascidos. Mas a verdade é que eu passava praticamente o trecho completo dividindo meus braços entre o volante e ficar manuseando os bebês que começavam a choramingar. No nosso carro tínhamos muitas opções de brinquedos, e eu ia, desesperadamente, passando um por um para eles com apenas um braço, ou colocando a chupeta na boca deles, para que o caminho fosse o mais tranquilo possível. Quantas vezes me peguei numa ansiedade imensa ao saber que teríamos que voltar para casa de algum lugar faltando 15 minutos para o horário da próxima refeição. A gente ia como pilotos de fuga, afinal, os bebês não podiam esperar, muito menos chorar.

Existem algumas linhas de criação de filhos que ensinam aos pais que o melhor é deixar o bebê chorar até ele cansar. Isso funciona, por exemplo, para alguns pais que querem ensinar seus filhos a dormirem a noite toda. Essa ideia sempre me trazia muita ansiedade e chegava a me soar até absurda. Mas, no auge do meu cansaço, nós chegamos a cogitar essa possibilidade, até o momento em que eu imaginava a cena de eles se esgoelando de tanto chorar, daí meu coração apertava e eu acabava desistindo. Essa ideia me parecia tão angustiante que eu fui para um outro extremo: os bebês não podem esperar, e todo e qualquer choro tem que ser cessado imediatamente.

Neste sentido, eu sempre me questionava se estávamos fazendo o correto ou se acontecia da mesma forma em todos os lares. Porém, ao ver outras crianças que dormiam melhor que os nossos bebês ou pais que viviam mais tranquilamente do que a gente, automaticamente o argumento na minha cabeça era: "Ah, mas com gêmeos é bem diferente, as pessoas não sabem como é!" E, realmente, a realidade de ter gêmeos é diferente, mas isso não justificava o fato de que a gente poderia aprender com outras pessoas e reconhecer que, em algumas áreas, precisávamos melhorar. Cheguei em outro ponto na fase de educação dos nossos filhos: em que eu reconhecia que talvez a gente tivesse se deixado levar pelo cansaço e cometido alguns erros. Foi difícil. Além do pensamento equivocado de que já era tarde demais para fazer alguns ajustes, quando, na verdade, os bebês tinham acabado de completar dez meses de vida.

Temos uma tendência muito forte de subestimar as crianças e de acreditar que, devido à sua

OUTONO

imaturidade, são incapazes de se adaptar e aprender novos limites. Muito disso entra na nossa crença de superproteção e de querer evitar qualquer desconforto e sofrimento para o nosso bebê. Para mim, foi duro entender que impor limites já nesta pouca idade deles e começar a ensiná-los a lidar com a frustração seria o melhor para eles a longo prazo.

Neste caminho de dúvidas, uma amiga me recomendou um livro que me ajudou neste processo: *Crianças francesas não fazem manha*, da autora americana Pamela Druckerman.[1] O livro é um pouco polêmico por soar rígido demais, mas para nós aqui em casa funcionou muito colocar em prática algumas coisas ensinadas nele. Uma delas é "a pausa". É assim que os franceses chamam o tempo que damos antes de atender imediatamente aos bebês. Isso ajuda a ensiná-los a esperar. Esse tempo de espera não precisa nem ser de minutos, pode ser de alguns segundos.

Eu percebi que nossos filhos estavam com dificuldade de aguardar para serem atendidos, por não terem tido essa experiência anteriormente. Desde recém-nascidos, eles eram constantemente atendidos

---

[1] DRUCKERMAN, Pamela. *Crianças francesas não fazem manha*. Rio de Janeiro: Objetiva, 2013.

no berço durante a madrugada, para que um dos bebês que estava chorando não acordasse o outro. Em algumas noites nos levantamos da cama de trinta em trinta minutos para colocar a chupeta neles, ou cessar algum resmungo. Isso estava nos fazendo muito mal fisicamente e mentalmente também.

Foi quando decidimos separá-los de quarto, para que eles pudessem ter a oportunidade de resmungar e tentar se resolver sozinhos antes de serem atendidos. Acredite, com o passar dos dias eles foram aprendendo a dormir melhor. Por muito tempo eu não achei que eles fossem capazes disso ou que o fato de eles chorarem — mesmo estando alimentados, limpos e serem muito amados — era um sinal de que eles não estavam bem. Quando, na verdade, eles só estavam tentando buscar um caminho para voltar a dormir. Como a escritora Pamela Druckerman afirma:

> Fazer os filhos encararem limitações e lidarem com frustrações os deixa mais felizes e os torna pessoas mais flexíveis. E uma das muitas maneiras de induzir gentilmente a frustração no dia a dia é fazendo as crianças esperarem um pouco.[2]

[2]Ibid., p. 74.

OUTONO

Quando eu percebi que os bebês eram capazes de esperar e se resolver sozinhos algumas vezes sem interferência nossa, fiquei pensando no motivo por que eu tinha vivido por tantos meses nessa agonia e ansiedade de sempre atendê-los imediatamente. Por que achamos que os bebês não podem esperar ou que precisam ser entretidos o tempo inteiro?

Porque nós, como pais, não sabemos lidar com a espera e com o tédio. Nós nos entupimos de distrações e preenchemos o nosso tempo desesperadamente. As nossas redes sociais — constantemente checadas — estão cheias de notificações e novidades. Ocupamos espaços de silêncio com músicas e *podcasts*, trocamos uma noite de leitura por séries e filmes... não permitimos descanso ao nosso cérebro, nem desfrutamos da nossa própria companhia. Se vivemos assim, consequentemente vamos querer a mesma vida para os nossos filhos. Os vemos incapazes de esperar, porque nós somos incapazes de esperar.

Percebi que a ansiedade para entretê-los e atendê-los rapidamente estava totalmente ligada ao fato de eu gostar de ser entretida e atendida às pressas. Se eu queria filhos mais calmos e pacientes, eu precisava me tornar essa pessoa. Se eu queria um estilo de vida mais saudável e tranquilo para eles, isso precisaria começar em mim. Não só por uma questão de ser exemplo para eles, o que é muito importante, mas para que eu os tratasse da mesma forma que eu me trato. Por fim, a minha primeira experiência de educar firmemente os meus bebês, diferentemente do que eu pensava, não era somente ensiná-los a se comportar de certa forma, era olhar também para mim e fazer os ajustes necessários. A verdade é que a educação dos nossos filhos mexe com a gente porque, de certa forma, nos educa também.

Educar os nossos filhos é como plantar sementes que darão frutos não só agora, mas por muitos e muitos anos, de geração em geração. Educar é criar lembretes duradouros, para que os nossos filhos tenham a oportunidade de escolher um bom caminho quando não estiverem mais em nossa presença.

Uma doutora em pedagogia uma vez disse: "Educar é a arte de gastar saliva." Como pais, precisaremos bater o martelo várias vezes e repetir o óbvio. Para isso, é preciso muita humildade e paciência ao ter que falar diversas e diversas vezes aquilo que para nós já foi ensinado. Mas é um caminho necessário, que molda a nós mesmos além de aos nossos filhos.

OUTONO

Aos poucos, pude perceber o quanto a fase de educação dos nossos filhos iria ser um tempo para Deus tratar o meu caráter. Quantas vezes o Senhor não precisou gastar saliva comigo? Eu não poderia mais estar em uma posição orgulhosa de somente ensiná-los, eu precisava abrir o meu coração e ter humildade suficiente para entender aquilo que Deus queria me ensinar também.

Durante este processo, pude ter muitos momentos com o Senhor. Várias vezes, ao me sentir incapaz de educar dois seres humanos para viver neste mundo, entrei no meu quarto, fechei os meus olhos e reconheci minha finitude diante de Deus. Neste lugar, pude perceber que todo o discernimento e sabedoria que precisamos adquirir para servir a essa missão vêm do nosso Pai. Claro que os livros, a psicologia e a pedagogia são muito importantes e necessários, mas a fonte inesgotável de sabedoria encontramos em Deus e em Sua Palavra.

A Bíblia nos diz em Tiago 1:5 que, se nos falta sabedoria, devemos pedir a Deus, que nos dará livremente e de boa vontade. Este é o nosso Pai. Não caminhamos em uma direção cega sem saber se a forma que estamos educando aos nossos filhos está correta, nem precisamos nos sentir desamparados diante de tantas dúvidas, pois temos a quem olhar e seguir. Somente o nosso próprio Pai é capaz de nos capacitar plenamente para essa missão.

"

Pois será como a árvore
plantada junto a ribeiros de
águas, a qual dá o seu fruto
no seu tempo; as suas folhas
não cairão, e tudo quanto
fizer prosperará.

Salmos 1:3

"

CAPÍTULO 12

Antes de os bebês completarem um ano de vida, decidimos nos mudar para uma casa maior. Eu e o Rafa amamos plantas e árvores, então, a primeira coisa que notamos ao visitar esta casa foi a presença de uma jabuticabeira no fundo dela. Assim que chegamos no quintal, o Rafa foi rapidamente em direção ao pé que estava lotado de jabuticabas para comer uma. Para sua surpresa, todas as jabuticabas estavam estragadas. Como a casa tinha ficado muito tempo fechada e ninguém colheu aquelas frutinhas, elas acabaram estragando. Uma pena! Era uma jabuticabeira cheia de frutos que já não serviam mais, pois havia passado o tempo de colher.

Em alguns lugares a estação do outono é conhecida como a estação da colheita. As folhas caem e alguns frutos também, mas é tempo de

OUTONO

colher! E isso é um processo natural — não temos controle sobre ele — e acontece de forma totalmente orgânica. Da semente que cai na terra, surge uma planta que futuramente — no tempo correto — dará os seus frutos. Este processo se assemelha muito à maternidade.

Chegando no final deste primeiro ano de vida dos bebês, eu me notei uma mulher diferente daquela que tinha engravidado de duas crianças quase dois anos atrás. Percebia frutos em mim que iam além da minha capacidade materna. O Espírito Santo havia feito um trabalho gigantesco dentro de mim durante essas primeiras quatro estações.

Em contrapartida, por muitas vezes eu pensei que a maternidade estava apenas revelando o pior de mim. Afinal, viver no limite do cansaço e da privação do sono pode ser realmente muito revelador. Ao observar que isso poderia acontecer, lá no início da maternidade coloquei diante de Deus o meu desejo de que Ele me ajudasse e me moldasse durante este tempo. Eu não queria me amargurar diante da solidão materna, nem idolatrar os meus filhos, muito menos deixar de ver outros sentidos na vida além da maternidade. Eu queria ver esse tempo como o Senhor o vê.

Depois desta oração, diversas vezes me deparei, durante algum momento desafiador com os bebês, cantarolando internamente uma música que aprendi quando criança no coral infantil da minha antiga igreja. Esta canção é um versículo cantado que diz assim:

> Mas o fruto do Espírito é amor, alegria, paz, paciência, amabilidade, bondade, fidelidade, mansidão e domínio próprio. Contra essas coisas não há lei. (Gálatas 5:22-23)

Quando o que mais me faltava era alguma dessas virtudes, o Espírito Santo me levava a cantar esta canção. Este versículo, inculcado em mim quando muito pequena, encontrou lugar fértil em meu coração já na vida adulta.

No contexto deste versículo em Gálatas, Paulo nos fala sobre como a nossa vida espiritual é uma batalha entre o bem (Espírito) e o mal (carne). O Espírito abomina as obras da carne e, do outro lado, a carne rejeita tudo aquilo que o Espírito traz. O fruto do Espírito, diferentemente de outras virtudes que podemos adquirir por nossas próprias forças, é uma obra completa da pessoa do Espírito Santo. Isto é, ele é o resultado natural de uma vida de busca a Deus. O fruto do Espírito não é mérito de bons pais, é um presente diretamente do Espírito para pessoas dispostas a aprender com Ele.

OUTONO

Por mais que mencione nove virtudes diferentes, o apóstolo Paulo coloca o fruto do Espírito no singular. Isto é porque essas obras do Espírito não caminham sozinhas. O fruto do Espírito é um caráter aprovado diante de Deus, e para isso há uma junção de virtudes. Não afirmamos que alguém tem um bom caráter somente por ser alegre ou por ter domínio próprio, mas sim quando podemos enxergar um conjunto de virtudes. É como um cacho de uva. O cacho é o fruto do Espírito e as uvas são as virtudes, e ambos crescem sempre juntos.

O pastor e teólogo Augustus Nicodemus diz, em um dos seus sermões, que cada uma das virtudes listadas sobre o fruto do Espírito é o amor sendo representado de uma maneira diferente.[1] A alegria é o amor se regozijando. A paz é o amor em repouso. A longanimidade é o amor exercendo a paciência. A benignidade e a bondade são o amor fazendo o bem ao próximo. A fidelidade é o amor cumprindo a sua palavra. A mansidão é o amor suportando as ofensas, e o domínio próprio é o amor se controlando.

Quantas vezes eu clamei por paciência no meio da madrugada enquanto algum bebê fazia

---

[1] NICODEMUS, Augustus. Obras da carne e fruto do Espírito. *Youtube*. 29 de agosto de 2017. Disponível em: <www.youtube.com/watch?v=KkaKwER7zNo>. Acesso em: 11 mar. 2021.

FRUTOS DA ESTAÇÃO

birra no berço! Ou pedi por um lar de paz mesmo em meio a uma casa bagunçada e a pia cheia de louça suja. Nada melhor para nos ajudar na maternidade do que ter um caráter aprovado e virtudes que nos farão passar por esta fase de maneira frutífera. Que descanso é saber que podemos obter isso não por mérito nosso, mas através do livre acesso que temos a Deus.

Ao entendermos o fruto do Espírito como um cacho, quero degustar junto com você cada uma dessas uvas. Enquanto passarmos por cada um dos frutos a seguir, pare para pensar como ele deveria nascer na sua vida como mãe e na vida de seus filhos.

AMOR

Eu acredito que, para a maioria das mães, experimentar o amor da maternidade é provar um amor que antes era desconhecido. Pelo menos foi assim para mim. Ao segurar os meus filhos no colo pela primeira vez, tantos sentimentos indescritíveis passaram em meu coração. Por incrível que pareça, com o passar dos dias e quase um ano depois daquele momento, parece que o amor se multiplicou. É mais forte do que nós mesmas.

Quando mais nova, várias vezes eu ouvia alguns pais dizendo que podiam entender melhor

OUTONO

o amor de Deus ao se tornarem pais. Aqui em casa aconteceu o mesmo. Como podemos amar um ser que algumas vezes não nos demonstra amor? Ou mal nos conhece? Como é possível mantermos o amor quando os nossos filhos tomam caminhos que desaprovamos ou quando não ouvem os nossos conselhos? Que amor é este que, se preciso, daria a vida por alguém? Este é o amor de Deus.

A Bíblia diz que podemos amar porque Deus nos amou primeiro (1João 4:19). Portanto, somente somos capazes de amar porque primeiramente fomos amados por Ele. Quer privilégio maior do que poder refletir o amor de Deus na vida dos nossos filhos?

No contexto do fruto do Espírito, o amor é a base de todas as outras virtudes. Na Bíblia podemos encontrar diversos versículos em que fica clara a importância do amor como base. Em 1João 4:8 lemos: "Quem não ama não conhece a Deus, porque Deus é amor."

Podemos afirmar, então, que amar aos nossos filhos é um reflexo de conhecer a Deus. Quanto mais o conhecemos, mais amamos os nossos filhos da forma correta, pois entendemos o verdadeiro significado do amor. Quando nos parecer confusa a maneira como devemos amá-los, podemos encontrar em Cristo a resposta. É amando os nossos filhos como Cristo nos amou que eles poderão experimentar o verdadeiro amor:

> Um novo mandamento lhes dou: Amem-se uns aos outros. Como eu os amei, vocês devem amar-se uns aos outros. (João 13:34)

ALEGRIA

Eu percebi uma diferença enorme entre os sentimentos vividos no início da vida dos bebês e os que eu experimentava agora. Por algumas vezes, as inseguranças com relação ao desconhecido mundo da maternidade me traziam tristeza. Porém, conforme os bebês foram crescendo e desenvolvendo novas habilidades, os sorrisos aqui em casa só aumentaram. Eles se tornavam cada vez mais graciosos, e era fácil arrancarem de nós risos frouxos durante o dia.

Ainda assim, a alegria que vem do fruto do Espírito é uma alegria diferente desta que experimentamos em situações maravilhosas com os bebês. Provérbios 14:13 diz: "Mesmo no riso o coração pode sofrer, e a alegria pode terminar em tristeza." A alegria que sentimos baseada nas nossas circunstâncias é totalmente passageira. Mas a alegria que vem do Espírito independe do momento que estamos

OUTONO

vivendo e produz o contentamento em nosso coração. Paulo diz em Filipenses:

> Sei o que é passar necessidade e sei o que é ter fartura. Aprendi o segredo de viver contente em toda e qualquer situação, seja bem alimentado, seja com fome, tendo muito, ou passando necessidade. Tudo posso naquele que me fortalece. (Filipenses 4:12,13)

Paulo vivenciou a verdadeira alegria produzida pelo Espírito e nos ensina que ela vai além da nossa situação atual. Ela é fonte da certeza de que, em Deus, podemos tudo.

Por isso a importância de buscarmos no Espírito a alegria que vem Dele, e não de nós. Em vários momentos desafiadores com os nossos filhos, e até mesmo em tempos de tristeza, poderemos encontrar alegria. Uma alegria que não significa a ausência de aflições, mas a certeza de que podemos parar de olhar para as circunstâncias e olhar para o Alto.

PAZ

Eu ouvi várias vezes uma frase que dizia: "Em um lar com filhos ou se tem paz, ou se tem alegria, os dois juntos não dá!" Como se a presença

FRUTOS DA ESTAÇÃO

dos filhos pudesse trazer apenas alegria para a casa, e não paz. Se seguirmos a lógica deste pensamento, colocamos sobre os nossos filhos a responsabilidade da falta de paz de um lar, o que é uma ideia mentirosa.

A paz que é fruto do Espírito, como a alegria, não depende das circunstâncias. Você acha que é possível ter paz em meio a uma casa bagunçada e filhos gritando? Se esta paz for fruto do Espírito, sim! Algumas vezes quando estávamos passando por situações de caos com os bebês, eu me sentava, respirava e sentia uma paz que ia além de mim. Esta paz me trazia uma nova perspectiva, e eu agradecia a Deus pela movimentação no lar que os nossos filhos trouxeram. Realmente, os móveis e objetos não estão em ordem como antes, e a louça fica suja com muito mais facilidade, mas a paz que vem do Espírito olha para as situações com gratidão.

Em outro contexto, é muito comum nos pegarmos preocupadas com o futuro dos nossos filhos, ou com possibilidades ruins que podem acontecer com eles diariamente. Mas o fruto do Espírito é a paz que traz descanso à alma e excede todo o entendimento. Esta paz nos traz um lembrete diário de que Deus tem o controle de todas as coisas, e, como mães, podemos finalmente descansar.

OUTONO

E a paz de Deus, que excede todo o entendimento, guardará os seus corações e as suas mentes em Cristo Jesus. (Filipenses 4:7)

LONGANIMIDADE

A longanimidade pode ser conhecida também como paciência. Acredito que essa seja uma das virtudes vindas do Espírito que mais recebemos durante a maternidade, a longo prazo. Quantas vezes precisaremos deste fruto! A longanimidade nos protege de momentos de explosões e descontrole. Ela é como um músculo alongado que suporta as situações mais extremas com flexibilidade e tranquilidade.

Ter paciência diariamente com os nossos filhos não é uma tarefa fácil, nem flui de nós naturalmente. Aqui em casa, conforme os bebês foram crescendo e começando a entrar em uma fase de birra, eu percebi o quanto a paciência seria uma das minhas melhores aliadas.

Lembro de uma noite em que um dos bebês, que já tinha quase onze meses, estava fazendo um show de birras no berço. Foi uma hora e meia de choro. O bebê estava trocado, alimentado, não tinha nenhum sinal de dor — era pura birra. Eu sempre fui muito resistente com a ideia de deixar o bebê chorar,

140

mas eu estava há muitas noites acordada, no limite do meu cansaço, e entendi que esse bebê já tinha idade suficiente para começar a dormir melhor à noite. Levantar uma ou duas vezes para atendê-lo durante a madrugada me parecia normal, mas eu decidi que este seria o limite. Na terceira vez, eu o deixei. Fiquei durante esse tempo todo sentada em frente ao berço, mostrando em alguns momentos que eu estava ali ao lhe fazer carinho. Permiti que o bebê fosse se acalmando sozinho, mas isso foi muito difícil para mim. Não por eu estar com dó, já que eu sabia que nada estava lhe faltando, mas me vinha uma vontade muito grande de perder a paciência, chamar o Rafa, pedir para ele intervir e ir dormir.

Na manhã seguinte, o bebê acordou risonho, e nas próximas noites dormiu o tempo inteiro. Não sei qual foi o segredo, mas fiquei muito orgulhosa de não ter perdido a paciência. Sei que isso não foi um trabalho meu. Durante todo aquele tempo eu repetia na minha cabeça a música sobre o fruto do Espírito que aprendi quando criança. Quando temos consciência de que a paciência é o melhor caminho a ser tomado e que perdê-la só prejudica a criação e educação dos nossos filhos, a jornada fica mais fácil. Como o teólogo do século IV, Efrém, o Sírio, certa vez disse: "A paciência tem o costume de entregar tudo aos que a possuem."[2]

A paciência foge da impulsividade e nos dá tempo para pensar e ouvir a voz de Deus ao tomar uma decisão. Isto é uma arma poderosa para nós como pais no dia a dia. A paciência também é resultado de um coração que confia em Deus plenamente. Pessoas pacientes não se desesperam diante do inesperado ou da falta de controle, pois sabem em quem confiam.

> E não somente isto, mas também nos gloriamos nas tribulações; sabendo que a tribulação produz a paciência, e a paciência a experiência, e a experiência a esperança. E a esperança não traz confusão, porquanto o amor de Deus está derramado em nossos corações pelo Espírito Santo que nos foi dado. (Romanos 5:3-5)

BENIGNIDADE E BONDADE

A benignidade e a bondade são a junção perfeita de generosidade com um coração inclinado

---

[2]EFRÉM, O SÍRIO. Homily on our Lord, 45.8. In: MCVEY, Kathleen (ed.). *St. Ephrem the Syrian. Selected Prose Works*. Washington, DC: Catholic University of America Press, 2004. p. 322

FRUTOS DA ESTAÇÃO

a fazer o bem. Essas virtudes nos parecem fáceis de serem colocadas em prática quando se trata de filhos. Como vamos desejar mal a um serzinho tão pequeno, lindo e que saiu de nós? Como podemos não ser generosos com a nossa própria família? Acreditamos que seja menos desafiador sermos bondosos com quem amamos profundamente. Até eles começarem a nos magoar.

Colocar em prática a bondade diante de uma situação em que nossos filhos nos desobedecem ou desrespeitam é o resultado de um coração bondoso e benigno que vem do fruto do Espírito. O nosso coração tende à vingança e à vontade de que os que nos aborrecem em algum momento se deem mal. Mas o convite do Espírito é outro. A Bíblia nos afirma que a bondade não deve ser colocada em prática somente em momentos em que nos sentimos amados, mas principalmente em situações adversas.

> Mas a vós, que me ouvis, digo: Amai a vossos inimigos, fazei bem aos que vos aborrecem, bendizei os que vos maldizem, orai pelos que vos caluniam. (Lucas 6:27-28)

É fato que os nossos filhos não são nossos inimigos, mas a rebeldia deles pode ser. Nesse sentido,

OUTONO

o nosso papel como pais não é abraçar o mal que os nossos filhos cometem, mas responder a esse mal com o bem (Romanos 12:21). Precisamos nos lembrar que, em nosso relacionamento com Deus como filhos, a bondade Dele para conosco é o que traz ao nosso coração o verdadeiro arrependimento. Não merecemos e, ainda assim, Ele é sempre bom (Salmos 136:1).

Além de sermos bondosos, podemos ser benignos e generosos com a nossa família para além dos bens materiais. Disponibilizamos com generosidade nosso tempo e disposição. Servimos aos que amamos com os nossos olhos, ouvidos e coração.

FIDELIDADE

Em algumas traduções a palavra fidelidade aparece como fé. Em outras como lealdade. Poderíamos, então, entender a fidelidade como uma mistura destas virtudes. A criança que tem a oportunidade de crescer em um lar em que a fé verdadeira é cultivada tem grandes chances de um dia se tornar um adulto de fé. E uma criança que vê de perto o exemplo dos pais de lealdade com a própria família e com os demais tem grandes chances de se tornar um adulto fiel.

A fidelidade que é fruto do Espírito encontra forças para ser leal mesmo em tempos difíceis. Filhos que encontram nos pais a certeza de que eles serão fiéis à sua família encontram segurança no lar. O mundo pode nos mostrar os benefícios de nos dedicarmos mais ao trabalho do que à família, ou de vivermos em busca dos nossos próprios prazeres. Mas a fidelidade que vem do Senhor nos ensina a priorizar aquilo que temos de mais precioso, aquilo que não podemos comprar. Cônjuges que são fiéis um ao outro e pais que são leais diante das responsabilidades da família podem desfrutar de um lar de segurança e paz.

Porém, este fruto tem como obra principal a fidelidade a Deus, mais do que aos homens. A fidelidade a Deus é a resposta de um coração salvo e maduro. E esta maturidade espiritual de colocarmos Deus como prioridade acima de tudo, por meio da obediência a Sua Palavra, é o trabalho do Espírito em nós. O Espírito nos ensina sobre lealdade, porque o próprio Deus é fiel.

> Porque o teu amor leal se eleva muito acima dos céus; a tua fidelidade alcança as nuvens! (Salmos 108:4)

OUTONO

MANSIDÃO

A mansidão, também conhecida como brandura, é uma das virtudes menos destacadas no mundo em que vivemos hoje. Uma pessoa mansa pode ser vista como alguém com "sangue de barata" ou uma pessoa que não toma atitude diante das situações. Em uma sociedade em que somos incentivados a tomar a frente de tudo e assumir o controle da nossa vida, a mansidão pode ser vista como covardia e fraqueza.

Mas não é o que a Bíblia nos ensina. Jesus, o nosso maior exemplo de caráter aprovado, diz:

> Tomem sobre vocês o meu jugo e aprendam de mim, pois sou manso e humilde de coração, e vocês encontrarão descanso para as suas almas. (Mateus 11:29)

Este texto afirma que aqueles que aprendem de Jesus, que é manso e humilde, encontram descanso para a alma. Isto porque pessoas que carregam essas virtudes são capazes de trazer paz ao ambiente em que estão. Portanto, como pais, esta é uma ferramenta poderosa em nossas mãos.

Pais mansos ensinam por meio de suas vidas a seus filhos que agir com impulsividade, violência

FRUTOS DA ESTAÇÃO

e raiva é o pior caminho a ser tomado. Filhos que crescem em um lar com tais reações têm grandes chances de reproduzi-las futuramente em suas próprias casas. Existem vários estudos que comprovam que o comportamento da mãe afeta o bebê ainda em seu ventre. Quantas vezes diante das minhas possibilidades de perda durante a gravidez respirei fundo e busquei em Deus a calma que eu e os bebês precisávamos!

Enquanto o tempo em que vivemos nos ensina que uma pessoa mansa é alguém sem atitude, o fruto do Espírito nos ensina que a mansidão é a escolha pela atitude correta. Uma pessoa mansa olha para as situações difíceis com ternura e paciência. Semelhantemente à longanimidade, a mansidão é uma virtude para os que conhecem e confiam em Deus e, por isso, descansam.

DOMÍNIO PRÓPRIO

Por último e não menos importante, na lista das virtudes do fruto do Espírito está o domínio próprio. Chega a ser cômico eu estar escrevendo sobre isso depois de ter passado uma noite inteira acordada com um bebê que não conseguia dormir de jeito nenhum. A minha segunda oração desta noite foi para que o Espírito Santo me inundasse com

OUTONO

o domínio próprio — a primeira foi para que o bebê finalmente pudesse dormir.

Essa virtude é conhecida pela capacidade de conter a nós mesmos. Isso significa agirmos contra a nossa reação natural diante das circunstâncias, ou seja, negar-se a si mesmo. Este comportamento é típico de quem conhece a Deus, submetendo todas as suas vontades em obediência a Ele.

Dentro do contexto da maternidade, podemos afirmar que o domínio próprio é um exercício diário. Diante dos desafios que a vida de um bebê nos traz, o autocontrole é muito necessário. Muitas vezes, ao agirmos por impulsividade, ou por deixarmos o cansaço nos dominar, não nos damos a oportunidade de tomar uma boa decisão. Ou melhor, não permitimos que o Espírito Santo nos guie a uma atitude correta. Assim, uma casa guiada pelo Espírito e não por impulsos carnais é um lugar onde não há espaço para qualquer tipo de violência. Pais que exercem o domínio próprio não estão isentos de errar com seus filhos, mas têm grandes chances de formar um lar estável e pacífico.

Quem tem o domínio próprio não é dominado por alguém ou por uma situação. Muitas pessoas podem ter essa qualidade como fruto de uma vida disciplinada, mas a virtude de domínio próprio que é fruto do Espírito é diferente. Ela é resultado de uma

FRUTOS DA ESTAÇÃO

disposição a uma vida espiritual viva. Mais do que uma busca pelo autocontrole, o domínio próprio que vem do Espírito é fruto de um temperamento moldado por Deus, e não por si mesmo. Ao exercermos o domínio próprio, deixamos de ser escravos de nós mesmos e nos tornamos submissos a Deus. E pais submissos a Deus tem o privilégio de ensinar aos filhos uma vida de obediência na prática.

O pastor americano Eugene Peterson diz em um dos seus estudos da Bíblia:

> Mas, assim como as frutas que comemos são perecíveis, o fruto do Espírito também perece. É belo de ser observado, mas não pode ser mantido em exposição por muito tempo. O fruto deve ser compartilhado com outras pessoas — deve ser comido e digerido; caso contrário, se estragará.[3]

Da mesma forma que aquela jabuticabeira no nosso quintal estava cheia de frutos estragados por

---

[3]PETERSON, Eugene. *Bíblia de estudo A Mensagem:* a Bíblia em linguagem contemporânea. São Paulo: Editora Vida, 2015. p. 1.446.

OUTONO

não terem sido colhidos no tempo correto, assim é o fruto do Espírito. Todas essas virtudes não são uma vitrine do Espírito Santo, elas fazem parte de uma árvore viva. Desse modo, podemos colher estes frutos não por mérito ou força própria, mas pelo livre acesso que temos através da vida de Jesus. E, para que eles não passem do tempo da colheita e estraguem, os compartilhamos ao colocá-los em prática dentro dos nossos lares.

Uma vez ouvi uma frase que dizia: "Herança é algo que você deixa com alguém, legado é o que você deixa em alguém." As virtudes do fruto do Espírito não serão para os nossos filhos como uma herança, algo que deixamos com eles. Afinal, o fruto do Espírito não se passa, mas se obtém diretamente através do relacionamento com Deus. As virtudes do Espírito colocadas em prática dentro das nossas casas deixam marcas nos nossos filhos, e isto servirá de legado para a vida deles.

É verdade que o fruto do Espírito não é um fruto específico da estação da maternidade. Mas acredito que ela é uma ótima oportunidade de colheita. Diariamente somos desafiadas a ter virtudes que vão além das nossas próprias forças. Eu não quero finalizar esta etapa mais estressada, mais amarga com a vida, ou como uma sobrevivente de uma tempestade. Eu quero ter a oportunidade de olhar para as estações e enxergar a beleza que existe em cada uma delas. Eu quero colher os frutos da estação. O lugar da criação de filhos é um lugar muito frutífero para desenvolver capacidades específicas para a vida toda. Passar por essa fase é um presente do Senhor para nós.

Chego nesta etapa do livro escrevendo com lágrimas nos olhos. Chegar até aqui é entender que as primeiras quatro estações estão acabando. Aqueles primeiros meses que pareciam intermináveis finalmente me trouxeram até aqui — o momento em que os dois mal cabem no meu colo juntos. É aqui que eu olho para trás e entendo que daqui para frente eles vão deixando aos poucos de ser bebês e se tornando crianças. Neste mesmo lugar eu consigo me lembrar daquela mãe a doze meses atrás com os olhos cheios de insegurança, culpa e medos. Hoje olho para o espelho e encontro outra mulher. Mais forte, mais paciente, mais amável e mais segura.

Continuo sem todas as respostas, mas deixei para trás muitas dúvidas. Durante este ano, me entreguei nos braços do meu Criador para que Ele me ensinasse a ser mãe, e ali acabei conhecendo mais do amor de Deus por mim. No final das contas, percebi que ser mãe nada mais era do que dar

OUTONO

e ensinar aos meus três pequenos um pouco deste grande amor que a vida toda recebi.

Aqui, sentada no sofá com um dos bebês no meu colo e outro dentro do meu ventre, olho lá fora e vejo o Rafa com um dos gêmeos embaixo do pé da jabuticabeira. Eles tiram juntos as frutinhas do pé e comem. O Rafa o ensina a descascar e desfrutar do fruto. Eu quero congelar essa cena e ficar nela por algumas horas. Me emociono. No fundo do meu coração, me vem a certeza de que um dia eu vou sentir muita saudade desse exato momento. Que bom poder vivê-lo... que privilégio é ser mãe!

Que venham as próximas estações!

de 10 a 12 meses

dicas da fê

Vamos passear!

Desde muito pequenos, passeamos com os bebês todos os dias no fim da tarde. Existe uma expressão popular chamada "hora da bruxa", que é esse momento no final do dia em que o bebê geralmente chora muito e fica enjoadinho. Parece que tudo o que fazemos para acalmá-lo durante o dia não funciona neste momento. Desde recém-nascidos, percebemos que os nossos bebês tinham essa tal "hora da bruxa" e decidimos incluir neste horário o passeio fora de casa. Inclusive, é incrível a quantidade de pais que se pode encontrar na rua no fim de tarde com os seus bebês! Parece que está todo mundo buscando algo para acalmar o seu bebê. Geralmente, neste momento não oferecemos nenhum estímulo para os bebês, nem mesmo conversamos com eles. Procuramos deixá-los quietos no carrinho passeando e observando tudo à sua volta. Este momento os distrai e, de alguma forma, já os acalma e prepara para o momento da janta e do ritual noturno. Vale a pena tentar!

Tempo a dois

Durante este primeiro ano de vida dos gêmeos, eu e meu marido nos esforçamos muito para separar um tempo na semana só para nós dois. Eu sei que nem sempre é fácil conciliar as agendas ou conseguir alguém para cuidar do seu filho, mas este tempo é extremamente importante para vocês como casal — e para você como indivíduo também. Eu sempre me sentia abastecida como mulher quando tinha um tempo a sós com o meu marido. Tentem sair para jantar só vocês dois ou fazer algo que gostem. O casamento é a base da família e é importante cultivá-lo, inclusive para que, com o tempo, os filhos possam compreender que os pais também possuem necessidades enquanto casal.

Batendo papo

Um hábito que começamos a colocar em prática com os bebês, acredito que até um pouco tarde demais, foi o de conversar com eles sobre tudo. Uma psicanalista francesa chamada Françoise Dolto foi uma das pioneiras na defesa de que devemos tratar os bebês desde que nascem como pequenos seres humanos. Isto é, devemos lhes explicar o que são as coisas, nos comunicar e conectar com eles. Passamos a fazer isto aqui em casa de forma que, antes das refeições, além de orarmos juntos, também mostramos o que eles vão comer. Quando vamos sair de casa, enquanto trocamos os bebês, explicamos que vamos passear e na casa de quem iremos. Quando alguma visita vem em nossa casa, também lhes comunicamos isso. Dessa forma, além de mostrar respeito por nossos filhos, eles sentem que são parte do nosso lar. Nesta fase eles aprendem muito por repetição, e percebemos que, ao nos comunicarmos mais claramente com os bebês, eles passaram a repetir e a aprender mais coisas novas.

FERNANDA WITWYTZKY

Fernanda Witwytzky Carrilho é casada com Rafael Carrilho e mãe dos gêmeos Samuel e Sara, e de Isaac. Formada em Arquitetura e Urbanismo pela Universidade Federal do Mato Grosso do Sul, trabalha como produtora de conteúdo e escritora. É autora do livro *Enquanto isso*, lançado em formato digital, como audiolivro e como *journal*, e do *planner Minha Jornada*. Também é produtora e editora do *podcast Fora do feed*, em que discute temas cotidianos, sempre com um viés cristão.

@fernandawitwytzky

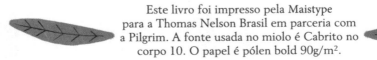

Este livro foi impresso pela Maistype
para a Thomas Nelson Brasil em parceria com
a Pilgrim. A fonte usada no miolo é Cabrito no
corpo 10. O papel é pólen bold 90g/m².